歷史文獻論壇

第二辑

白化文敬题

本书编委会 编

國家圖書館出版社

图书在版编目（CIP）数据

历史文献论坛·第二辑/本书编委会编. --北京：国家图书馆出版社，2016.8

ISBN 978-7-5013-5854-0

Ⅰ.①历… Ⅱ.①本… Ⅲ.①古籍研究—文集 Ⅳ.①G256.2-53

中国版本图书馆 CIP 数据核字（2016）第 124184 号

书　　名　历史文献论坛·第二辑
著　　者　本书编委会　编
责任编辑　张珂卿　廖生训
封面设计　李尘工作室

出　　版　国家图书馆出版社（100034　北京市西城区文津街 7 号）
（原书目文献出版社　北京图书馆出版社）
发　　行　010-66114536　66126153　66151313　66175620
66121706（传真）　66126156（门市部）
E-mail　nlcpress@ nlc. cn（邮购）
Website　www. nlcpress. com→投稿中心
经　　销　新华书店
印　　装　河北三河弘翰印务有限公司
版　　次　2016 年 8 月第 1 版　2016 年 8 月第 1 次印刷

开　　本　787×1092（毫米）　1/16
印　　张　11
字　　数　200 千字

书　　号　ISBN 978-7-5013-5854-0
定　　价　39.00 元

《历史文献论坛》编委会

卷首语

吴　格

新年新气象，新年新愿景。

《历史文献论坛》的创办，为从事古籍整理的图书馆员、从事古籍出版的编辑人员，以及与传统文化典籍研究相关的各界人士，提供了一个获取信息、交流经验、展示成果的新平台。同行切磋，夙所期盼，跨行交流，更属难得，特致庆贺，并贡芜言。

2007年以来国家古籍保护中心实施的“中华古籍保护计划”，为图书馆古籍工作提供了有力支持，借助图书馆与出版社的合作，已完成部分成果。

2011年中央“推动文化大发展大繁荣”的决定，对今后的古籍整理及古籍出版工作，相信会带来更大支持，催生更多成果。

图书馆的古籍整理与出版社的古籍出版，存在互相依赖、互相支持的关系，其交集点主要在古籍影印方面，涉及选题拟目、书目调查、版本考订、底本选择、书品比较、残本配补、数据辑集、文字释读、说明撰写、索引编制等活动，通常不易引人重视。图书馆员及出版社编辑从事于此，责任甚重，要求綦严，务须慎之又慎。近年来，图书馆与出版社新旧交替，从业人员数量增加，学历程度提高，专业素质改善，发展前景可喜。但要达成图书馆收藏承前启后、出版社图书信今传后的目标，差距仍然存在，人才仍觉不足，有待继续努力。

现代图书馆在中国已有百年以上历史，新中国图书馆事业也已岁逾甲子。承担文献收集、保存、流通、利用等使命的图书馆，在历代传承的古代文献由私藏向公藏转型后，肩负着现存绝大部分中国古籍的保藏及整理任务。目前，各馆古籍庋存的“硬件”设施，均已大为改善；古籍修复的设备及人员，也已增加投入与培训；古籍的编目整理，近年因开展“古籍普查”“珍贵名录评选”等活动，已逐步形成队伍;古籍的流通利用,则因风气转变,观念更新,服务质量,多有提高。古籍影印事业,随之发展迅速。

在古籍整理出版领域,近三十年来最骄人的成果,当推古籍影印事业的长足发展。保守估计,利用现代影印技术,存世古籍获影印出版者,数量已达三万种以上。前人复制文献所使用的传抄翻刻、影抄影刻等手段,较之现代影印技术的仿真复制、迅速普及,不免相形见绌。古籍影印的长处,不仅见于对单种文献的复制,可使稀见文献化身千百,变稀见为常见;又因其具有聚集同类文献的功能,能综合利用各馆分藏的文献,变散见为汇编。中国古代文献虽号称汗牛充栋,毕竟已随时代而静止,利用图书馆的古籍整理成果,依靠出版社的组织策划,编纂各类型丛书付诸影印,再由各图书馆订购储存,丰富馆藏,既利文献传播,又利文献保存,堪称有功当代、惠及后世。

古籍影印事业的发展,呼唤图书馆与出版社的深度合作。图书馆的古籍馆藏及整理成果,是古籍影印工作得以继续的保障。图书馆员与出版社编辑的有效合作,则关乎古籍影印工作的成败。今后阶段,除各馆珍稀古籍的重点影印外,利用各馆馆藏共同参与影印的项目将会增加。出版社在选题策划、底本挑选、影印加工、出版发行等方面,既要考虑其自身经营的需求,又须密切关注图书馆古籍工作的现状及动态,与图书馆建立良性互动。笔者服务图书馆有年,在馆言馆,兹略述对图书馆古籍整理的意见,供图书馆及出版界同行参考。

图书馆古籍整理的瓶颈,在馆藏古籍资源未获全面、准确的揭示。图书馆收藏古籍已有不短的历史,但反映各馆古籍资源的书目建设,仍存在诸多空白。就目前国内各级各类型图书馆的收藏而言,收罗完备、著录准确、体例精整的馆藏书目或联合书目,成果仍嫌不足。

所谓收罗完备,即各馆古籍书目不仅应反映馆藏善本及特藏文献,还应反映善本、特藏文献以外的其他古籍收藏,现存民国以前历代抄写刻印的各类古籍文献,均应进入古籍普查及编目的视野。古籍的著者断限为清末,版本时代略为下延,距今已及百年,断代编目，正当其时。当前推进的“中华古籍保护计划”以古籍普查为基础，古籍书目建设即可以古籍普查为契机。

随着信息技术的发展，利用数据库平台联合编目，附录书影，形成详尽无遗的现存中国古籍总书目数据库，才能为古籍利用及影印，提供采集、甄别古籍信息的保障。机遇当前，亟应把握。

所谓著录准确，即古籍编目应遵循统一的著录标准。目前实施的《古籍著录规则》，乃经古今文献学者长期实践而形成。著录规则的严格遵循并实施，既是编纂古籍书目的必需步骤，也是评估编目质量的必备指标，更是造就古籍专业人才的必由途径。经验证明，一部著录准确的馆藏书目，须经数代图书馆员长期积累、反复打磨，始克完成。图书馆员由外行成长为内行，舍古籍编目实践，别无其他门径。而将各家馆藏书目汇编为大型联合目录，更可为图书馆界造就一批古籍编目专家。

所谓体例精整，即已经规范著录的古籍信息，尚须周密设计，精心组织，严格编次，贯彻始终，才能形成合格的馆藏书目或联合书目。古籍书目有其自身的分类体系及编排规则，利用普查成果，汇聚书目数据，辨章学术，考镜源流，分合调整，精益求精，古籍编目及版本考订之学，均可由此而进步。图书馆古籍整理专业的发展前景，亦即包含其中。

中国古籍的撰著传播、收藏利用，历史悠久，遗产丰厚，举世无匹，引人自豪。图书馆员及出版社人士，守先待后，职责神圣。编目整理，影印出版，加强合作，事关长远，有志之士，责无旁贷。

目　录

·学术动态·

· 特别纪念 ·

《任继愈文集》序

詹福瑞

时间倏忽而过,任继愈先生离开我们已经五年了。

先生以93岁高龄谢世,不能说是天不假年,但是对于中国的学术界和图书馆界来说,对于先生的亲人朋友、共事同仁和晚辈学生来说,他的离去始终是永远都不能弥补的损失,永远都不能忘怀的沉痛。

先生是20世纪中国著名的哲学家、宗教学家和历史学家,是中国马克思主义宗教学的开创者和奠基人,是中国哲学、宗教学领域中高瞻远瞩的学术研究领导者和优秀的学术活动组织者。同时,先生还是图书馆界最受敬仰的领导者,是图书馆界的一棵参天大树。先生在学界、馆界地位如斯,生前却没有出版过文集或全集。原因有二。一是先生生前贯彻三不主义,不赴宴,不过生日,不出全集。我们想给先生过生日,先生一直不同意。先生90寿辰的时候,我说90岁,这么大的一个寿辰,就是不过生日,给您开一个学术思想研讨会行不行,他坚决反对。任先生不出全集有他自己的理由,他说别人的全集我都不看,因为全集把精华收进去了,不是精华的也收进去了,所以说还是不要出全集。当他病重的时候我也考虑图书馆给先生编全集,后来还是尊重了先生的意愿。第二个原因是,先生从来都把自己的事情看得很淡,很低,从来不拉着别人为自己的事忙活。在先生晚年,只要在京,我每周都去先生那里看一看,有幸聆听了先生的很多教诲。在先生90多岁的时候,他说自己要写一部哲学史。他一再强调,自己要写一个哪怕薄一点的,把自己的思想写出来,但是他说我不能做,因为现在要做的文献整理工作还没有做完。文献整理是给后人打基础,因为他曾经预测,我们文化发展的高峰期、鼎盛期会在20年以后出现,他认为我们这一辈人最应该做的就是文献的整理工作,为这一个高峰打基础。他说如果能活到96岁就够了,因为剩下的3年他就可以完成手上的工作,写一点自己的东西了!在近20年的时间里,先生坐镇国家图书馆,皓首穷经,年高德劭:他以国家图书馆馆藏《赵城金藏》为底本，主持编纂107卷《中华大藏经》，就在去世前，他还在主持规模达两亿字的《中华大藏经续编》编纂工作；他主持实施了新中国成立以来最大的文化工程，编纂总计7亿多字的古籍文献资料汇编《中华大典》；他主持的镇馆之宝文津阁《四库全书》、150册《国家图书馆藏敦煌遗书》影印出版；点校本《二十四史》《清史稿》也在重新修订之中……然而，先生却将自己全集的出版放在了这些古籍整理项目之后。可见，先生是为了国家文化发展的理想而放弃了自己的学术计划，放弃了整理自己文稿的意愿。

但是现在，我们打算出版任先生的文集。先生一生致力于中国哲学、宗教学的教学和研究，著有《中国哲学史》（四卷本）、《汉唐佛教思想论集》《天人之际》《学术文化随笔·任继愈卷》等等。先生自20世纪40年代开始即在各种期刊、报纸及内部刊物上发表文章。这些文章代表了中国哲学、宗教学及历史学等研究领域里的较高水平，具有里程碑式的重要意义。作为我国当代著名的马克思主义人文学者，先生著作宏富，但先生的著作和文章较零散，未进行过系统的分类与整理，已出版者只达到其全部著作的三分之一左右，大量的未刊稿未能与读者见面。尤其是大量的书信和为各书作的序言，很多都是散佚各处，未加整理。如果不进行系统整理，那么很多珍贵的未刊文字将有可能散失，这肯定是学术界的重大损失。在我们这个缺少大师的年代，像先生这样一位学术大师的宏富著作本身就是中国文化发展的重要组成部分，是先生博大思想、治学思想和治学路径的集中表现。这些思想和路径，一生中会有许多变化，会积累丰富的经验教训，如果能够将先生这些文字以“全集”或“文集”的形式公之于世，必将是文化学术园地上的一大贡献。损益之间，希望先生泉下有知，能够接受我们这样的安排。

任继愈先生融汇中西，贯通古今，为人为学，高风亮节；他一生低调，不图虚名，成就卓越，举世同仰。先生是我们这个民族从争取独立走向复兴过程中的千百万知识分子中的一位，是与时代同行，反映着时代精神的优秀代表。在抗日烽火中，从北平流亡到西南联大充实后方，他积累知识，时刻准备着；在两个中国之命运的决战中，他坚持在北大的教学岗位上，迎接新中国的诞生；在共和国号召“向科学进军”中，他加入了中国共产党；在知识分子普遍学习马克思主义的热潮中，他结合科研和教学实际，成就斐然，影响深远。先生在传统哲学和宗教学的研究领域，在抢救、保护和整理祖国的优秀文化遗产领域，其发现和创见，深邃和广博，对下一代的教育和学风的建设，都起到了承先启后的标志性作用，无愧为一代师表。先生在20余年的图书馆工作实践中，还形成了个人对于国家图书馆的成熟认识，并以此来领导国家图书馆的发展，为国家图书馆乃至全国图书馆事业的发展做出了重要贡献。他为国家图书馆的职能定位、学术定位和社会定位至今为国图人奉为圭臬。他埋首书山，整理古籍，为传承中华文化做出了杰出贡献。在先生看来，中华文化不仅积累丰厚，还是有生命力的、活着的文化。而正是这种活着的文化，支撑着中华民族在几千年的历史中屹立不倒。正因如此，先生安然离世之时，我所撰挽联亦特为先生的学术研究与整理双重贡献而标榜："老子出关，哲人逝矣，蓬莱柱下五千精妙谁藏守；释迦涅槃，宗师生焉，大藏大典四库文明有传人。"

《任继愈文集》的出版历时四年。2010 年 4 月，《我们心中的任继愈》新书发布与座谈会在国家图书馆新馆举行，李申（任先生学生，上海师范大学哲学系教授）邀请了一些任先生的家人、友人及学生等参加，并在与会发言时提出编纂《任继愈文集》的设想。后经多次协商最终决定《任继愈文集》由先生工作过的国家图书馆的出版机构——国家图书馆出版社出版。在四年时间里，出版社经由国家图书馆图书检索系统检索、查找，及在各大相关报纸刊登征稿启事等方式，共搜集到先生的文章 600 篇左右（其中包括先生的讲话、访谈等）。按照学科及研究方向，将这些文章分为八编：第一编，宗教学与科学无神论研究；第二编，中国哲学史研究；第三编，佛教研究；第四编，儒教研究；第五编，道教研究；第六编，论古籍整理；第七编，史学研究；第八编，杂著。全书 10 册，约 500 万字。《任继愈文集》的出版，是将先生一生的学术思想和研究成果进行系统整理和总结，为后人学习与研究先生的思想提供系统性的参考资料。亦期望研究先生的为人与为学后继有人，并能不断发扬光大。

·典籍校雠·

《洛阳伽蓝记》校勘一则

黄学超

《洛阳伽蓝记》(以下简称《伽蓝记》)卷一"建中寺"条[①]云:

> 建中寺,普泰元年尚书令乐平王尔朱世隆所立也。本是阉官司空刘腾宅。……至孝昌二年太后反政,遂诛(元)乂等,没腾田宅……以宅赐高阳王雍。建义元年尚书令乐平王尔朱世隆为(尔朱)荣追福,题以为寺。

此处叙建中寺建造时间,先称普泰元年(531),再称建义元年(528),自相矛盾。清人吴若准《集证》本认为此处"'义'当作'明'",范祥雍《校注》本、徐高阮《重刊》本及杨勇《校笺》本皆从其说,径作"建明元年"。然而这一校改并无版本依据,且若建明元年(530)建寺,其时间仍与前述普泰元年相冲突,而文意颇显重复,似仍有不妥之处。

《说郛》所录《伽蓝记》于"以宅赐高阳王雍"句后有与通行本不同之文字。涵芬楼本《说郛》所录《伽蓝记》作"以宅赐高阳王雍,雍薨,太原王尔朱荣停憩其上,荣被诛,尚书令乐平王尔朱世隆为荣追福,题以为寺"。宛委山堂本《说郛》所录《伽蓝记》则作"以宅赐王雍,建义元年,尔朱世隆为荣追福,题以为寺"。范祥雍《校注》本即据《说郛》于其"建明元年"四字上补"雍薨,太原王尔朱荣停憩其上,荣被诛"十五字。徐高阮《重刊》本补同。范、徐之增补固然有功,但依然无法解释上述矛盾。

与上引今本《伽蓝记》相较,宛委山堂本《说郛》所录《伽蓝记》虽有脱字,但面貌仿佛,而涵芬楼本《说郛》所录《伽蓝记》虽增记事文字,但却少年份,是《伽蓝记》原文确当有这两部分文字,而两本《说郛》皆有脱漏,《伽蓝记》原文存在"雍薨"等十五字在"建义元年"之前或之后的可能。按,建义

① (东魏)杨衒之撰,周祖谟校释:《洛阳伽蓝记校释》,中华书局,2010年,第32—34页。

元年,高阳王元雍死于"河阴之变",尔朱荣入洛。则原文"建义元年"不误,而将"雍薨"等十五字续于其后,即可使语义晓畅。订补得《伽蓝记》文为:

> 建中寺,普泰元年尚书令乐平王尔朱世隆所立也。本是阉官司空刘腾宅。……至孝昌二年,太后反政,遂诛(元)乂等,没腾田宅……以宅赐高阳王雍。建义元年,雍薨,太原王尔朱荣停憩其上。荣被诛,尚书令乐平王尔朱世隆为荣追福,题以为寺。

如此,则全段叙述完整而无重复矛盾之弊,且文气较上引《伽蓝记》原文更加流畅通顺,应更接近《伽蓝记》原貌。

又,《伽蓝记》卷二"景宁寺"条①云:

> 景宁寺,太保司徒公杨椿所立也。在青阳门外三里御道南,所谓景宁里也。……普泰中,(椿)为尔朱世隆所诛,后舍宅为建中寺。

此处明言建中寺是杨椿"舍宅"而立,与"建中寺"条所言似有所不同。但既同是普泰时事,又与尔朱世隆相关,二者当是一事。可知尔朱荣被诛后,魏帝将其宅第赐予杨椿,直至杨椿被害,宅第为寺。而核以上复原的"建中寺"条文字,"荣被诛"三字后,似语意未尽,仍有叙事。疑其处有可能尚脱去"以宅赐太保司徒公杨椿"诸字。

---

① (东魏)杨衒之撰,周祖谟校释:《洛阳伽蓝记校释》,中华书局,2010年,第88页。

伦明《封氏闻见记》校语辑释*

苏晓君

《封氏闻见记》是一部记载唐代史事和制度的笔记类杂家著作,成书于唐贞观十六年(642)。《四库全书总目》介绍此书云:“唐人小说,多涉荒怪。此书独语必征实。”①今传本为十卷,记事以类相从,采用标题立目体例,目录所列凡一百一条,九目无正文,后人依《唐语林》《全唐文》《南部新书》补出六目,仍缺三目,每目之下叙事若干,间有论述、按语。各条目多以两字为题,如道教、儒教、文学、典籍、石经、声韵等。涉及范围广泛,包括政治制度、官场习俗、社会生活、名物讲说等,考据该洽,论辩详明。撰者封演生卒年不详,渤海蓨(今河北景县)人。初为太学诸生,唐玄宗天宝十五年(756)登进士第,代宗大历中为县令,德宗时官至御使中丞,约卒于贞元末年。

伦明(1875—1944),广东东莞驻防旗籍人。清光绪二十七年(1901)举人,民国间历任北京大学、北京师范大学、辅仁大学、民国学院教授。生平嗜书成癖,精通目录版本学,著有《续四库全书提要稿》《续书楼藏书记》《辛亥以来藏书纪事诗》等。其藏书达一万数千种,殁后多归北平图书馆(今国家图书馆)收藏。此伦明朱笔校补本《封氏闻见记》,为清乾隆二十一年(1756)卢见曾刻《雅雨堂丛书》本,一册,十行二十一字,白口,四周单边单鱼尾,现藏于国家图书馆普通古籍库中,索书号8341。刊版者卢见曾(1690—1768)山东德州人,室名雅雨堂,康熙六十年(1721)进士,官至两淮盐运使。其所刻自辑《雅雨堂丛书》计13种,138卷,惠栋等助其校勘,各书均写刻,为清代中期校刻较精的丛书之一。伦明所作此书校补,引用多家之说,洞悉入微,楷书工整俊逸,鲜有披露。兹摘录如下,并作简要注释说明。

卷首目录

卷二[石经]下伦明双行朱笔:

---

* 此为“《广州大典》与广州历史文化研究”专项课题“伦明藏书研究——以国家图书馆所藏为中心”(项目编码:2014GZZ07)的阶段性成果。

① (清)纪昀等撰:《钦定四库全书总目》,中华书局,1997年,第1602页。

前补百六十四字，其阙文似尚多。

卷首目录

后有伦明朱笔抄录秦黉序及校本说明：

重刻《封氏见闻记》序：

国家之掌故，士大夫所当讲求也。鲁孝公赋事、行刑，必问于遗训，而咨于故实；春秋列国名卿，多能举其国之旧典，见于内外传者綦详。汉设有掌故之官，《唐六典》载台省下各有掌固，固即故也。然岂必当职，而始载笔哉！不能纪远，乃纪于近事，尤征信可以传示后人，后有好典故学者，将必于是乎取之。《唐艺文志·杂传记》类中，有《封氏见闻记》五卷，亦其类也。今虽年祀云遥，无关损益，而以广闻见，以资考订，所载昔贤遗风，有足令人慕效者，即间涉诙谐琐事，亦可谓善戏谑不为虐者也，顾向鲜流传。三十年前，吾扬始有版本，近来亦不多见，又校勘之功，尚未尽焉。吾同年丹徒蒋春农有旧抄本，杭州卢抱经又得长塘鲍氏本而合校之，余亦少佐其审择焉。刊落增正，比旧本为不侔矣。因复重雕，以广其传，实事求是，不为空谈，今之君子，宜如何措意也。乾隆五十七年良月朔，江都秦黉序。

秦刻本序后，有仁和张莼艄先生参补，卷一共二条，卷三共二条，卷五共二条，卷六共三条，附识一条，另录于书之上下方，以张云别之。

【注】此秦黉序，应录自清乾隆五十七年(1792)江都秦氏享帚精舍刻《石研斋四种》本。秦黉(1722—1792)，号石研斋主人，江苏江都人。清乾隆十七年(1752)进士，授翰林编修。《石研斋四种》秦恩复所辑。秦恩复(1760—1843)，室名享帚精舍，秦黉之子。清乾隆五十二年(1787)进士，官至太史。张莼艄生平不详。

卷一[道教]第一叶

原文："其后学道、学儒、学墨，诸家分明，各为一教。"伦明朱笔眉标：

按：此所云"墨"，即指佛氏言。卷末必有佛教一条，疑脱去。

【注】佛教有"墨衣"一说，又作缁衣，即黑色法衣，一般作僧侣的代称，因此以指佛氏。此按语录自清乾隆五十七年江都秦氏享帚精舍刻《石研斋四

种》本(简称秦本)注。

卷一[儒教]第二叶

原文:"缺一行□□□□□□□□□□□□□□,复以诸生多不精励,遂废州县学。"

【注】后三"□"伦明朱笔加"为儒学"三字。将原文补改为:"缺一行□□□□□□□□□□□为儒学,复以诸生多不精励,遂废州县学。"

卷二[文字]第二叶

原文:"大篆、小篆亦名籀书,与古文并行。"伦明朱笔眉标:

张云:"小篆"二字系衍文。

【注】相传秦相李斯将籀文简化为秦篆,又称小篆,原籀文称大篆。大篆、小篆是两种书体名,非均名籀书。

卷二[文字]第三叶

原文:"梁朝顾野王撰《玉篇》三十卷,凡一万六千九百一十七字。此复有《埤苍》《广苍》《字指》《字诂》《字苑》《字训》《文字志》《文字谱》之类,互相祖述,名目渐多。"伦明朱笔眉标:

"诂"两抄本皆作"括"。按:《唐艺文志》有冯干《括字苑》十三卷,"括"字或当属下其"诂"字,当仍之。

【注】《奉氏闻见记》传抄本有天一阁藏明抄本、莫郘亭藏旧抄本、凌绂曾藏抄本、天津周氏藏抄本等,此两抄本不知谓何。三国魏张揖撰有《字诂》一卷,四部分为经部字书类小学之属。

卷二[典籍]第三叶

原文:"太史令尹咸校术数,侍毉监李柱国校方技。"伦明朱笔眉标:

按:《汉书》无"监"字,《隋书》作"太医监"。

【注】"毉"同"医"。侍医,属太医令。《资治通鉴·汉纪二十二》亦作"侍医李柱国校方技"。太医监,系指宫廷中管理监督太医处方用药的医官。太医师与太医官两者有别。此按语录自秦本注。

卷二[典籍]第五叶

原文:"大唐武德五年,克平隋,郑公尽收图书…其目四部书,大凡八万六千九百六十六卷。"伦明朱笔眉标:

旧作"六千九百"譌,依《隋志》改正。

【注】此书目为唐武德五年(622)平隋后所收之书。伦明依《隋志》朱笔改六千为九千、九百为六百。将原文改为:"大唐武德五年,克平隋,郑公尽收图书…其目四部书,大凡八万九千六百六十六卷。"

卷二[石经]第五至六叶

原文:"后汉明帝时,公卿言《五经》驳异,请开吕不韦冢,是未焚《诗》《书》前本。"明帝前伦明加朱笔眉标:

初,太宗以经籍多有舛谬,诏颜师古刊定,颁之天下。年代既久,传写不同。开元以来,省司将试举人,皆先纳所习之本;文字差互,辄以习本为定。义或可通,虽与官本不合,上司务于收奖,即放过。天宝初,敕改《尚书》古文悉为今本。十年,有司上言经典不正,取舍无准,诏儒官校定经本,送尚书省并国子司业张参共相验考。遂撰定《五经字样》,书于太学讲堂之壁,学者咸就取正焉。又颁《字样》于天下,俾为永制,由是省司停纳习本。已上百六十四字,依两抄本补,但文势不接,中间当叙述汉、魏石经源流,其文尚多,皆脱亡不可考矣。

【注】伦明将原文增补为:"后汉初,太宗以经籍多有舛谬,诏颜师古刊定,颁之天下。年代既久,传写不同。开元以来,省司将试举人,皆先纳所习之本;文字差互,辄以习本为定。义或可通,虽与官本不合,上司务于收奖,即放过。天宝初,敕改《尚书》古文悉为今本。十年,有司上言经典不正,取舍无准,诏儒官校定经本,送尚书省并国子司业张参共相验考。遂撰定《五经字样》,书于太学讲堂之壁,学者咸就取正焉。又颁《字样》于天下,俾为永制,由是省司停纳习本。明帝时,公卿言五经驳异,请开吕不韦冢,是未焚《诗》《书》前本。"

卷二[声韵]第六叶

原文:"永明中,沈约文词精拔,盛解音律,遂撰《四声谱》。文章八病,有平头、上尾、蜂腰、鹤膝,以为自灵以来,此秘未睹。"伦明

加朱笔眉标:

张云:"膝"字下应增"大韵、小韵、旁纽、正纽"八字,方合八病之数。

【注】文章八病即四声八病,八病有"平头、上尾、蜂腰、鹤膝、大韵、小韵、旁纽、正纽",为南朝沈约等人强调作五言诗时声律上应避忌的八种毛病。

卷三[贡举]第二叶

原文:"余初擢第,太学诸人,共书余姓名于旧纪末。进士张繟,汉阳王柬之曾孙也…"伦明朱笔眉标:

"繟"蒋本作"绎"。按:《唐摭言》作"倬"。

【注】"蒋本"即秦篑序云丹徒蒋春农藏旧抄本。蒋宗海(1720—1796),字星岩,号春农,江苏丹徒人。清乾隆十七年(1752)进士,授内阁中书,军机处行走。《唐摭言》十五卷,(五代)王定保撰。

卷三[制科]第三至四叶

原文:"宦途之士,自进士而历清贯一作贵,有八俊者:一曰进士出身制策不入,二曰校书、正字不入,三曰畿尉不入,四曰监察御史、殿中不入,五曰拾遗、补阙不入,六曰员外郎、郎中不入阙。言此八者尤为俊捷,直登宰相,不要历余官也。""阙"字前伦明朱笔书眉补题:

七曰中书舍人、给事中不入,八曰中书侍郎、中书令不入。此上二十二字旧脱,今依两抄本补。秦本不重"郎"字。张云应补。

【注】伦明将原文增补为:"宦途之士,自进士而历清贯一作贵,有八俊者:一曰进士出身制策不入,二曰校书正字不入,三曰畿尉不入,四曰监察御史殿中不入,五曰拾遗补阙不入,六曰员外郎、郎中不入,七曰中书舍人、给事中不入,八曰中书侍郎、中书令不入。言此八者尤为俊捷,直登宰相,不要历余官也。"

卷三[制科]第四叶

原文:"冯中庸上《政事录》十卷,裴杰上《史护异议》",其"护"字伦明朱笔书眉题:

"护"疑。

【注】裴杰所上《史护异议》,《新唐书艺文志》作《史汉异议》。

卷三[铨曹]第六叶

原文:"选司纲维紊坏,皆以崔郑为口实,愔坐赃贬江州司马员外。"伦明朱笔书眉题:

旧作"司马员外",今从两抄本。

【注】伦明朱笔将"司马员外"勾改为"员外司马"。将原文改为:"选司纲维紊坏,皆以崔郑为口实,愔坐赃贬江州员外司马。"

又地脚伦明朱笔题:

秦本"崔"上多有字,张云当删。

卷三[铨曹]第六叶

原文:"十四年,元宗在东都,敕吏部置十铨,以礼部侍郎□□、工部尚书卢从愿…同掌选,分为十铨。"□前伦明加朱笔:

苏颋、刑部侍郎

【注】伦明将原文增补为:"十四年,元宗在东都,敕吏部置十铨,以礼部侍郎苏颋、刑部侍郎□□、工部尚书卢从愿…同掌选,分为十铨。"

又伦明朱笔眉标:

六字旧脱,依两抄本补。

卷四[尊号]第一叶

原文:"元宗即位,号'开元神武',后稍加为'开元天地大宝圣文神武'。"后一"武"字下伦明加朱笔一行:

应道。肃宗号光天文武,代宗号宝应元圣,文武令上号圣文神武。

【注】伦明将原文增补为:"元宗即位,号'开元神武',后稍加为'开元天地大宝圣文神武应道'。肃宗号光天文武,代宗号宝应元圣,文武令上号圣文神武。"

伦明又朱笔眉标:

二十五字旧脱,依两抄本补。

卷四[露布]第四叶

原文:“近虽仰凭威灵,缺六字□□□□,脱复高曳长缣,虚张功捷,尤而效之,其罪弥大。”伦明朱笔补□,题:

得摧丑虏,斩擒不多。

【注】伦明将原文增补为:“近虽仰凭威灵,得摧丑虏,斩擒不多,脱复高曳长缣,虚张功捷,尤而效之,其罪弥大。”

又伦明朱笔眉标:

此八字旧抄阙,据两抄本补。

卷四[武监]第八叶

原文:“东门氏…子□氏、子功氏、牵氏”,伦明朱笔眉标:

旧误“门”,据《潜夫论》改。

旧作方围,当由避唐讳。《潜夫论》有子干氏,无子功氏,此下又出牵氏,已见上,今删。此上止四十四姓,《潜夫论》有襄隰氏、土氏、强氏、翰公氏,合之则四十八姓也。

【注】伦明朱笔将“东门氏”改为“东郭氏”,“子□氏”改为“子渊氏”。原文补改为:“东郭氏…子渊氏、子功氏”。《潜夫论》十卷,(汉)王符撰。

卷五[烧尾]第四叶

原文:“上与侍臣亲临焉。既而问:‘吏部船何在?’”伦明朱笔眉标:

此段,旧共脱二十字,今依两抄本补。

【注】伦明“亲”字下朱笔加“贲”字。“既而”下加“吏部船为仗所隔,兵部船先至,嗣立举觞献寿。上”一行。将原文补改为“上与侍臣亲贲临焉。既而吏部船为仗所隔,兵部船先至,嗣立举觞献寿。上问:‘吏部船何在?’”

卷五[巾幞]第七叶

原文:“近日长安尉程李家好高巾,不曾改换,未逾六十三度特入。”伦明圈出“未逾六十三度特入”八字。朱笔眉标:

八字不解,所谓当属衍文。

【注】伦明将原文删改为:“近日长安尉程李家好高巾,不曾改换。”

卷五[图画]第八叶

原文："每画，先帖绢数十于地，乃研墨汁及调诸采色，各贮一器，使数十人吹角"，其后伦明朱笔加一行：

击鼓，百人齐声嗷叫。顾子着棉袄，锦缠头，饮酒半酣，绕绢帖走。

【注】伦明将原文增补为："每画，先帖绢数十于地，乃研墨汁及调诸采色，各贮一器，使数十人吹角击鼓，百人齐声嗷叫。顾子着棉袄，锦缠头，饮酒半酣，绕绢帖走。"

伦明又朱笔眉标：

二十四字旧脱，依两抄本补。

卷五［图画］第九叶

原文："今顾子瞑目鼓噪，有□戟之象，其画之妙者乎？"伦明朱笔眉标：

"其"疑"岂"字。

伦明又地脚朱笔题：

张云："瞑目"当是"嗔目"。

【注】其意即："今顾子嗔目鼓噪，有□戟之象，岂画之妙者乎？"

卷五［长啸］第十叶

原文："而今之啸者，开口卷舌，略无蹙舌之法。"后一"舌"字伦明朱笔眉标：

张云："舌"当为"口"。

【注】其意即："而今之啸者，开口卷舌，略无蹙口之法。"

又原文："初则发声调畅，稍加散越，须臾穹窿砰磕，雷鼓之音忽复震骇。"其"砰磕"二字伦明朱笔眉标：

各本作"磕泻"，今从卢本。

【注】"卢本"即卢见曾辑清乾隆二十一年（1756）刻《雅雨堂丛书》本。

卷六［打球］第二叶

原文："颜注云：'…蹵音子六反，条音巨六反。'近俗声讹，蹋'踘'为'球'，字亦从而变焉，非古也。"伦明朱笔眉标：

张云："譌"字下当增"蹵为"二字。

【注】其意即:"…近俗声讹'蹵'为'蹋踘',为'球',字亦从而变焉,非古也。"伦明并朱笔将'讹'字标为'譌'。

卷六[拔河]第三叶

原文:"时宰相二驸马为东朋,三宰相五将军为西朋。"伦明朱笔眉标:

旧脱,据《景龙文馆记》补。下作三将相,五将无"宰"字、"军"字。

【注】伦明朱笔"时"后加"七"字。将原文补改为:"时七宰相二驸马为东朋,三宰相五将军为西朋。"《景龙文馆记》一卷(唐)武平一撰。

又原文:"东朋贵人多,西朋奏胜不平,请重定。"伦明朱笔眉标:

张云:"奏"字下当增"输"字。

【注】其意即:"东朋贵人多,西朋奏输胜不平,请重定。"

卷六[碑碣]第六叶

原文:"其字本从木,后人以石为墓碣,因变为'碣'。"其"墓碣"二字伦明朱笔眉标:

张云:"碣"字当改"楬"。

【注】其意即:"其字本从木,后人以石为墓楬,因变为'碣'。"

卷六[羊虎]第六至七叶

将原文:"陵后司马门内,又有蕃臣",伦明朱笔改"臣"字为"酋",即改为:"陵后司马门内,又有蕃酋"。

将原文:"人家不能常令方相立于侧",伦明改"于"字为"于墓",即改为:"人家不能常令方相立于墓侧"。

将原文:"《风俗通》文云",伦明改"文"字为"又"字,即改为:"《风俗通》又云"。

将原文:"'石人能愈病,人来谢女。'转相告语。"伦明改"女"字为"者",即改为:"'石人能愈病,人来谢者。'转相告语。"

卷六[羊虎]第七叶

原文:"头痛者摩石人,腹病者多自愈。"伦明朱笔眉标:

此段脱误甚多,俱据本书增正。

【注】“人”字后伦明加“头”字,“病”字改为“痛”字。“多自愈”前加入朱笔“摩其腹,亦还自摩,病者”一行。将原文补改为:“头痛者摩石人头,腹痛者摩其腹,亦还自摩,病者多自愈。”

卷七[月桂子]第三叶

原文:“宋之问台州作诗云:‘桂子月中下,天香云外飘。’文士尚奇,非事实也。”此文下伦明朱笔双行题:

案:桂树实有子,此论不确。宋诗题《灵隐寺》诗结句云:“待入天台路,看余渡石桥”,则非台州作也。

【注】唐宋之问《灵隐寺》诗云:“鹫岭郁岧峣,龙宫锁寂寥。楼观沧海日,门对浙江潮。桂子月中落,天香云外飘。扪萝登塔远,刳木取泉遥。霜薄花更发,冰轻叶未凋。夙龄尚遐异,搜对涤烦嚣。待入天台路,看余渡石桥。”

卷八[霹雳]第六至七叶

原文:“《元中记》云:‘玉门之山西有国山,山上有庙,国人岁岁出碛数千石一作‘数千名’,曰霹雳。给霹雳用,从春至秋乃罢。’诸字书检无‘碛’字。《礼记》有‘杂金鑚、牛骨鑚’,音为‘祖’。今一本无‘今’字合‘碛’字石傍,与金相类,读宜同矣。”伦明朱笔眉标:

旧譌“碛”下并同,并“鑚”亦譌,今皆改正。

《御览》“碛”音字林反,亦作“碪”。

【注】伦明将原文标目[霹雳]后加“石”,补改为[霹雳石]。改所有“碛”字为左“石”右上“兟”下“日”字,又改“鑚”字为“钻”字。删“石一作‘数千名’”改为“输庙中名”。将原文改为:“玉门之山西有国山,山上有庙,国人岁岁出碛数千输庙中,名曰霹雳。”《太平御览》简称《御览》,一千卷,(宋)李昉等编。

卷九[端悫]第二叶

原文:“思勖以将军贵幸殿庭,因斥,元宗嗟叹良久,即拜刑部尚书。”其“因斥”二字后伦明朱笔眉标:

当有“其事”二字。

【注】伦明将原文增补为:“思勖以将军贵幸殿庭,因斥其事,元宗嗟叹良

久,即拜刑部尚书。”

卷九[掩恶]第六叶

原文:“曾生一本作坐被人酷骂。”伦明朱笔眉标:
中字旧阙。

【注】伦明将“生”字朱笔改为“坐中”。原文补改为:“曾坐中被人酷骂。”

卷九[解纷]第六叶

原文:“熊曜为临清尉,以干蛊闻。”伦明朱笔眉标:
案:古皆以干蛊为干事之称,不训“蛊”为“坏”。

【注】北齐颜之推《颜氏家训·治家》云:“妇主中馈,唯事酒食衣服之礼耳。国不可使预政,家不可使干蛊。”此干蛊,泛指主事,办事。

卷十[欢狎]第二叶

原文:“令酒酣兴尽。”伦明朱笔眉标:
旧作“酣兴尽”,似有讹脱,为改之。

【注】伦明朱笔将“兴”字改为“饮”字,“尽”后加“兴”字。将原文增补为:“令酒酣饮尽兴。”

卷十[赞成]第三叶

原文:“及为广文博士,询于国子司业苏源明…”伦明朱笔眉标:
蒋、鲍二本,“源明”俱作“元明”。

【注】此“鲍本”即秦箦序云卢文弨藏“长塘鲍氏本”。

卷十[夏庭芝后志]第九叶

原文:“今僻居深村,无以为遣。”伦明朱笔眉标:
秦本“僻”作“癖”。张云应作“僻”。

【注】夏庭芝(约1300—1375),字伯和,江苏华亭人。元代词曲作家,能词曲,大多散失,仅有《青楼集》一卷存世。

《封氏闻见记》如今可见不同版本众多,有抄本、刊本、校本之别,其中赵贞信(1902—1989)《封氏闻见记校注》采用的底本也是雅雨堂本,广稽众本,内容完备,受到普遍好评。而伦明校语虽略显简约,然考证源流,字斟句酌,正讹纠谬,补阙拾遗,校勘严谨,两相比较,独具见地。故整理出来,以供研究参考。

·文献版本·

稿本乾隆《长芦盐法志》的文献价值

张　磊

自明代万历年间冷宗元创修《长芦鹾志》至民国时期，见于文献记载的长芦盐法志的纂修活动有十次之多，现存留文献六种，其中既有巡盐御史奉命组织的官修盐法志书，也有凭个人之力纂修的。其修纂明显地较天津卫、府、县志频繁，可见长芦盐业对天津地方政治、经济、文化影响之重。诸志中以黄掌纶主纂的嘉庆《长芦盐法志》影响最大，其体例精审、内容翔实，广受赞誉。此书2009年由科学出版社整理出版。但是，这一切都是在乾隆盐法志书的基础上完成的，可以说，没有乾隆志的良好基础，也就没有嘉庆志的最终成就。

乾隆《长芦盐法志》因为提请更正引式，迟迟未获颁发，最终未能刊刻，以稿本存世，孤本秘藏，因此其价值不显。虽然它的内容可以通过嘉庆志呈现，但是在长芦盐法志书的历史发展中，它的文献价值是无法替代的。笔者叹息之余，不揣浅陋，愿就所见一二叙述如下：

《长芦盐法志》十八卷，清徵瑞纂修，沈延年绘图。红格稿本，框高21.3厘米，宽13.5厘米，九行二十四字，字体为清代盛行的馆阁体。分装成16册(1函)，黄绢书衣。南开大学图书馆收藏。

乾隆五十七年(1792)，时任长芦巡盐御史的穆腾额奏请重修《长芦盐法志》，此时距离雍正《盐法志》纂修已经70余年，其间丁域、引目、课额、官制等等均有增损。穆腾额上奏后不久即离任。五十八年(1793)，先由巴宁阿(满洲镶黄旗人，时任工部侍郎)接任，不久徵瑞继任。徵瑞，满洲正白旗人，于乾隆至嘉庆间三任长芦巡盐御史，分别为乾隆四十七至五十年(1782—1785)、五十八至五十九年(1793—1794)和嘉庆二年(1797)。据该书编纂衔名，总裁题“巡按长芦盐政监察御史兼管天津钞关内务府员外郎兼佐领臣徵瑞”，监修题“长芦都转运盐使司盐运使臣□□□”，观其残字笔势，当是“嵇承志”三字。嵇承志，江苏无锡人，举人，曾于乾隆五十六至五十九年

(1791—1794)、嘉庆六年(1801)两任长芦盐运使。考徵瑞与嵇承志同官长芦的时间是在乾隆五十八至五十九年(1793—1794),因此该书的誊录时间应该在此阶段。其他参编人员有校对,题"长芦广积库大使臣陶步鳌;长芦严镇场严课司大使臣张云官",另有采辑人员四人,因页面破损,只有"朱晋"一人清晰可辨,绘图者题"从九品职衔臣沈延年"。朱晋与沈延年均无考。与其他志书不同,该书并未题写主要编纂人,不知什么原因。

该书共分为12类18卷,计:诏敕、天章、盛典、优恤、场灶、转运(2卷)、赋课(2卷)、律令(2卷)、职官(2卷)、营建(2卷)、人物(2卷)、图式。

与前志相比,乾隆《长芦盐法志》在体例和内容上的改变主要体现在以下几个方面:

1. 类目设置上作了大幅度的调整。编纂者对盐法志书有了新的认识,认为盐法志不同于府县志,应该以史料记载为主,因此在相应的类目设置上不应该沿袭方志的类目,所以在篇卷上作了大幅度的调整。首先将前志一直延续的疆域、古迹、艺文三类取消,三类中与盐法有关的内容则各入其类。如艺文作品中,凡与盐法有关的文章,附录于奏疏中,其他诸如酬唱赠答之作,因多有专集行世,因此不再专设艺文类。其次增设营建、图式二类。将原先散见于疆域、古迹中的建筑场所汇辑于营建类中,如衙门、公所、祠庙、学田及盐商捐资兴建的书院、义学、育婴堂等等。另外将旧志中商政、灶籍、职官、宦迹四类改为转运、赋课和职官。因为前志四类的收录范围彼此交叉,难免内容重复,如雍正《新修长芦盐法志》中将职官、宦迹分编为二卷,而二者的收录范围很难划分清楚,该书则统立为职官一类,收录范围清晰,内容也就不再重复。通过对前代盐法志书类目的裁并,使其类分更加合理。

2. 体例上借鉴史书表谱的编纂方法,采用立表的形式,使内容条理清晰。盐法条例名目繁多,科则歧错,因此,该书在编纂时借鉴了司马迁《史记》中的十表之法,如场灶、转运、赋课三类,各附表于其后,如立直隶、河南转运二表,条列引地、引额、掣配、盐价诸项;立商课正、杂二表,条列正课、加课、领费、告费等项;立灶课二表,条列丁地、草荡、滩锅、科则等项,这样既避免了内容上的冗杂重复,又使繁杂的条例条理井然。再如将职官类分为上下二卷,卷下立前代盐官、国朝盐官二年表,使官制建置、历任姓名都有条不紊。

吸收史书中的立表方法是该书在编纂方法上的大胆创新,为盐法志书开创了新的编纂方法。这种方法被黄掌纶嘉庆《长芦盐法志》吸收利用,成为后代各地盐法志的基本体例。

3. 内容上作了大量的补充。乾隆《长芦盐法志》的资料辑录范围除正史之外,广泛搜集史乘碑碣,汇聚保存了大量的原始资料。如雍正《新修长芦盐法志》在人物卷的收录范围上只限于自汉迄元的盐铁转运二正官,仅35人。而该书广搜博采,最终收录有姓名可考者290余人,几十倍于旧志。另外对历代文献中有关盐政盐法的史料详细摘录,并加以考证,梳理出自汉至元,历代中央政府和长芦地方的盐铁管理机构和职官设置,填补了前志的空白。

4. 在编纂方法上具有先进的规范理念,对书中人物姓名和用字进行规范。与前代盐法志编纂不同,该书首次在编纂中采用规范的方法,特别是辽金元三代中,所涉及的非汉族的人名、地名、官名、物名依据《钦定辽金元三史语解》予以规范,对所录公牍中的异体字,如"繫"与"係"、"並"与"併"之类,依据《大清会典》予以统一,由此体现了该书作者在编纂上的严谨审慎态度。

乾隆《长芦盐法志》的全部内容均已编纂完成,只有引式一项,因为需要对原引票中与现行规定不符的部分进行更改,然后重新制版刷印,制成新的引票。所以稿本在卷六《转运》"引目"一节中,引式内容为空白,并粘有红色浮签,浮签上题"引式业经咨部更正,俟颁发到日再行照刊"。涉及更改的部分包括引盐斤数、行盐地方以及相关禁律等方面。引式是监督盐商合法经营的关键,盐商的经销行为与引式中规定的内容相符则为合法经营,否则可以私盐论处,所以时任盐政穆腾额奏请更正引式,而引式的迟迟不定,使乾隆盐法志书久久不能完结,最终以稿本存世。

该书虽然未能刊刻行世,但其承前启后的作用不容忽视。特别是在门类设置上对前代《盐法志》类目的大胆裁并,体裁上的兼收并蓄,内容上的广征博引,编纂上的严谨审慎,为后世盐志纂修创立了新的途径。这些成果被嘉庆时期黄掌纶纂修的《长芦盐法志》吸收利用。乾隆《长芦盐法志》虽然没有最终出版,但是在整个长芦盐法志书的历史发展中,它的文献价值是不容忽视的。

参考文献

[1]长芦盐志编委会编:《长芦盐志》,百花文艺出版社,1992年。

[2](清)黄掌纶等撰,刘洪升点校:《长芦盐法志》,科学出版社,2009年。

[3](清)鲁之裕撰:《新修长芦盐法志》,清雍正五年(1727)刻本。

明代内府刻书质量探论

马学良

明代内府刻本是中国雕版印刷史上重要的版本类型之一。作为明代皇家的刻书，内府刻本有强大的人力、物力支撑，所刻之书从用纸到装帧，从字体到版式行款等各方面质量均属上乘，非地方及民间刻书所能望其项背，因此给世人留下了“版式宽大，行格疏朗，大黑口，鱼尾相向，大黑双边。字大如钱，多做赵体，醒目悦神。用上好洁白棉纸和佳墨精印。多作包背装，装帧华美大方”①的深刻印象。但是，在中国版本学史上，世人对于内府刻书的质量，却不像对其外观那样肯定，甚至与之相反，认为内府本“多校勘不精，错讹较多，所以不为后世所重”②。那么，明代内府刊刻图书的质量果真如此不堪吗？回答这一问题，只有对明内府所刻之书予以实际考察，方能有据。

明代内府所刻之书，大致可以分为两种类型：一是明历代皇帝御制、御纂、敕修的图书；二是内府翻刻前朝已有图书等。

前者是本朝编纂的图书，代表性的图书有《洪武正韵》《御制大诰》《御制大诰续编》《御制大诰三编》《大明集礼》《大明会典》《大明一统志》《五伦书》《历代君鉴》《历代臣鉴》《御制诗集》《恩纪诗集含春堂稿》等。关于这类图书的质量，笔者曾撰有《明代内府刻书机制考论——以敕纂修图书为中心》一文，从图书编纂学的角度明确了明代内府刊刻敕纂修图书活动是“从组织纂修队伍，到皇帝审定图书，再到写书上板、印刷装帧，最后由皇帝诏准发型的一个完整而严密的流程”③。并通过对刻书机制和刻书流程的考证，认为太监在整个刻书过程中只起到了书板的管理职责，与内府刻书质量关系不大。因此，明代内府刻书谈不上“阉寺主其事”，内府所刊刻图书的质量好坏，也基本与太监无关。相反，明代内府刊刻的这类图书于有明一代政

① 时永乐：《古籍整理教程》，河北大学出版社，1997 年，第 33 页。

② 陈雪云：《明代官府的刻书》，《档案管理》2003 年第 4 期，第 4 页。

③ 马学良：《明代内府刻书机制考论——以敕纂修图书为中心》，《河北大学学报》2015 年第 3 期，第 86—92 页。

令、典制、史事记载尤为翔实，值得引起文史研究者充分重视。

后者是内府在前人已有的图书基础上重新编辑、校勘的图书，这些图书大多已在前朝雕版流行，明内府进行再次刊刻，即版本学意义上的重刻本。这些图书有的从书名就可以看出是曾经过重新校勘后刊印的，如《新校经史海篇直音》；还有的则在书前的序言中对校对情况作了简要说明，如崇祯八年(1635)所刻《小学集注》，书前《御制重刊小学序》既有"陈选《集注》，见其切要明晰，甚于《小学》有裨，爰命儒臣详加校订，正其讹舛，誊刻颁行"之语。但是，由于明代宫廷档案亡佚无征，更多的重刻图书如《广韵》《尔雅》《埤雅》《资治通鉴纲目》《少微通鉴节要》《资治通鉴纲目发明》《资治通鉴纲目集览》《贞观政要》《大学衍义》《文献通考》等，这些书均是治学必备之书，这些书的质量如何？是否经过校勘？由何人以何种底本校勘？至今已不可考。为了准确把握这部分内府刻书的质量，笔者选择内府刻本中存世数量较多、读者易见的《周易传义》《资治通鉴纲目》《文献通考》为代表，分别与相应的宋元刻本进行了比勘。

一、明内府刻本《周易传义》与元刻本《程朱二先生周易传义》之比较

《周易传义》(馆藏号:10003)为明正统十二年(1447)所刻"五经""四书"之一，其书一宗程朱传义，凡十卷。今选取国家图书馆所藏同为十卷本之元刻本《程朱二先生周易传义》(馆藏号:3341)与之比较。因原书卷帙浩繁，在此仅取两书第一卷"乾卦"部分进行比勘，其结果列表如下：

表 1　明内府刻本《周易传义》、元刻本《程朱二先生周易传义》卷一“乾卦”对照表①

经文正文	明内府刻本	元刻本	备注
乾,元亨利貞	傳:以妙用(一无用字)②謂之神。	傳:以妙用謂之神。	内府本参校他本,有校注。
	本義:故三奇之卦名曰乾。	本義:故三畫之卦名曰乾。	本书前文有“乾字,三畫卦之名也”,故内府本誤。
	無注音。	本義之末有“乾,竭然反。亨,許庚反”注音。	内府本脱兩字注音。
初九,潛龍勿用	經文正文下有“潛,捷鑒反。”之注音	此注音在本義之末,内容同。	
九二,見龍在田,利見大人。	正文之末有“見,賢遍反。卦内見龍並同”注語	此注音在本義之末,但並不全同,其注語爲“見,賢遍反。利見如字,下皆同”。	
九三,君子終日乾乾,夕惕若厲,無咎。	傳:舜之玄德升聞時也。	傳:舜名玄德升聞時也。	参照“九二,見龍在田”程傳“舜之田漁時也。”及下文“九四,或躍在淵”傳文“舜之歷事時也”,元刻本誤。
	無注語。	傳文之末有“惕,他歷反。厲,力世反。咎,其九反。后同”注語。	内府本脱三字注音。

① 为准确反映明内府刻本与前朝旧本之间的文字与内容差异,本表使用繁体字。《资治通鉴纲目》《文献通考》版本比对表亦同。另,由于时代及雕版印刷时手书上板人不同,故同一个字在不同的版本中可能会有不同的异体字,如《周易传义》中内府刻本之“變”在元刻本中均作“变”、内府本之“體”在元刻本多作“躰”,如是者在三种书校对中比比皆是,因其不影响文意,故本表仅录文字内容有差异者。

② 括号中文字为内府本中以黑盖子白文标出之校语。下同。

经文正文	明内府刻本	元刻本	备注
九四,或躍在淵,無咎。	正文下有:躍,羊灼反。	此注音在傳文之末,内容同。	
上九,亢龍有悔。	正文末有"亢,苦浪反"注音。	此注音在傳文之末,内容同。	
彖曰:大哉乾元萬物資始,乃統天。	傳:彖者,言一卦之義。故知者觀其彖辭,則思過半矣。	傳:彖者,言一卦之義。放知者觀其彖辭,則思過半矣。	據文意,内府本爲是。元刻本蓋因形致誤。
	傳:天道始萬物(一更有萬字)物資始於天也。	傳:天道始萬物物資始於天也。	
	本義:彖,即文王所系之辭。傳者,孔子所以釋經之辭也。后凡言傳者放此。	無	元刻本脱文。
雲行雨施,品物流形	正文下有"施,始豉反。卦内皆同"注語。	無注語。	元刻本脱文。
	本義:此釋乾之亨也。	本義:釋乾之亨也。	元刻本脱文。
大明終合,六位時成,時乘六龍,以御天。	本義:始,即元也。終,謂貞也。	本義:始,即元也。終,即貞也。	异文。
乾道變化,各正性命保合大和,乃利貞。	本義:大和,陰陽會合,沖和之氣也。	本義:大和,陰陽會合,坤和之氣也。	参校元刻明修本《周易本義》,内府本是,元本誤。
首出庶物,萬國咸寧。	傳:卦下之(一无之字)辭為彖。	傳:卦下之辭為彖。	
	本義:則並行不悖也,坤卦放此	本義:則並行不悖也,他卦放此	异文。
象曰:天行健,君子以自強不息。	本義:象者,卦之上下兩象及兩象之六爻,周公所系之辭也。	無。	元刻本脱文。

经文正文	明内府刻本	元刻本	备注
終日乾乾，反復道也。	經文正文下有“復，芳服反。本亦作覆”注語。	此注音在傳文之末，内容“復，芳服反”。	
或躍在淵，進無咎也。	傳：量可而進（一有也字），適其時則無咎也（一无也字）。	傳：量可而進，適其時則無咎也。	
飛龍在天，大人造也。	正文下有“造，狙早反”。	此注音在本義之末，内容爲“造，狙早反。王肅，七到反。”	内府本脱文。
	傳：大人之為聖人（一无人字）之事也。	傳：大人之為聖人之事也。	
文言曰：元者善之長也……事之幹也。	正文末有：長，丁丈反。下長人同。幹，古旦反。	此注音在傳文之末，内容爲“長，上聲。幹，古旦反。”	
	傳：以發明其（一作文）義。	傳：以發明其義。	
	本義：此篇申彖傳象傳之意，以盡乾坤二卦之藴。而余卦之說因可以例推云。	無。	元刻本脱文。
貞固足以幹事。	傳：貞（一作正）固所以能幹事也。	傳：貞固所以能幹事也。	
初九，曰潛龍勿用……確乎其不可拔潛龍也。	正文下有：樂，音洛。	無	
九二，見龍在田……君德也。	正文下有：行，下孟反。邪，以嗟反。	無	
	本義：釋大人之為九二也。	本義：釋大人之為九三也。	元刻本誤。

<table>
<tr><th>经文正文</th><th>明内府刻本</th><th>元刻本</th><th>备注</th></tr>
<tr><td rowspan="2">九三曰,君子終日乾乾……雖危無咎矣。</td><td>正文末有:幾音機。</td><td>此注音在傳文之末,内容同。</td><td></td></tr>
<tr><td>傳:求知所至,而後(一无後字)至之。</td><td>傳:求知所至,而後至之。</td><td></td></tr>
<tr><td rowspan="2">九四曰,或躍在淵,故無咎。</td><td>正文末:離,力智反。</td><td>無。</td><td rowspan="2">内府本脱去“恒”字注音。</td></tr>
<tr><td>無</td><td>傳末:恒,胡登反。離,力智反。</td></tr>
<tr><td>見龍在田,時舍也。</td><td>正文下有:舍,去聲。</td><td>此注音在傳文之末,内容同。</td><td></td></tr>
<tr><td>飛龍在天,上治也。</td><td>正文之末:治,傳直吏反。本義讀作平聲。</td><td>此注音在傳文之末,内容爲“治,直吏反”。</td><td>元刻本本義脱注音。</td></tr>
<tr><td>乾元用九,天下治也。</td><td>正文末:治,直吏反。</td><td>無。</td><td></td></tr>
<tr><td>見龍在田,天下文明。</td><td>傳:龍德見於地上,則天下見其文明之化也(一作而化之)。</td><td>傳:龍德見於地上,則天下見其文明之化也。</td><td></td></tr>
<tr><td>飛龍在天,乃位乎天德。</td><td>傳:正位乎上,位當天德(一作德矣)。</td><td>傳:上位當正,位乎天德。</td><td>异文。</td></tr>
<tr><td>大哉乾乎剛健中正,純粹精也。</td><td>本義:以其流行之統體而言。</td><td>本義:以其流行之躰統而言。</td><td>倒文。</td></tr>
<tr><td rowspan="2">時乘六龍,以御天也,雲行雨施,天下平也。</td><td>傳:旁通盡其情義。</td><td>傳:旁通盡其精義。</td><td>异文。據上下文意,内府本誤,元刻本是。</td></tr>
<tr><td>傳:故見(一作曰)雲行雨施。</td><td>傳:故見雲行雨施。</td><td></td></tr>
<tr><td>君子以成德為行……是以君子弗用也。</td><td>正文下有:行並下孟反。未見之見,賢遍反。</td><td>此注音在傳文之末,内容同。</td><td></td></tr>
<tr><td>九三,重剛而不中……雖危無咎矣。</td><td>正文末:重,直龍反。下同。</td><td>此注音在傳文之末,内容同。</td><td>元刻本脱“下同”二字。</td></tr>
</table>

经文正文	明内府刻本	元刻本	备注
夫大人者,與天地合其德……況于鬼神乎。	正文末:夫音扶。先,悉薦反。	此注音在傳文之末,内容同。	
亢之為言也……知得而不知喪。	正文末:喪,息浪反。	此注音在傳文之末,内容同。	

通过内府刻本《周易传义》和元刻本《程朱二先生周易传义》的比较,我们可以发现:第一,内府刻本在刊刻之前做了校勘工作,其校勘的结果以黑盖子白文标出,而元刻本则没有校勘痕迹;第二,二者除了偶尔各自使用不同的异体字、俗字之外,文字内容基本一致,所不同者只是内府刻本一般将程颐《易传》、朱熹《本义》之注音置于经文正文之末,而元刻本注音分别在《传》《本义》末尾,注音的方式和内容基本一致,可见内府刻本所依据的底本与元刻本属于同一版本系统;第三,两种本子存在的异文,相比之下元刻本错误更多一些,且有大段脱文。

从行款结构来讲,明代内府刻本每半叶八行,行十四字,小字双行,行十七字;元刻本每半叶十三行,行二十三字,小字双行,行二十七字。且内府刻本经文正文皆大字顶行,传与本义则小字双行;元刻本经文正文虽亦以大字标出,但不单独起行,文、传、本义相互交杂。故内府本在直观视觉上给人以字大如钱,行格疏朗之感,而元刻本则令人感觉字小行密,不便观览。

二、明内府刻本《资治通鉴纲目》与宋刻本之比较

纵观中国整个封建社会的发展,封建社会发展到明代已经恍如进入了迟暮之年的老人,经济发展与封建统治之间的矛盾日益激化。为此,明代统治者在政治上大力推行君主专制中央集权的同时,在文化上则不遗余力地推行文化专制主义政策,力图把全国的文化强行纳入以程朱理学为主的儒家思想轨道中来,表现在刻书上,就是皇帝敕命大量刊刻符合程朱思想的经史图籍,其中成化九年(1473)刊刻的《资治通鉴纲目》就是其中的一种。

《资治通鉴纲目》乃宋代理学大家朱熹的著作之一。该书在宋代一问世即受到热烈追捧,各地争相传刻,因此宋代时此书刻本已有多种。元代尊崇程朱理学,故此书仍传刻不息。按照版本学的一般规律,距离文献产生的年代越近的刻本,因其传抄次数较少,错误也越少,故笔者选取国家图书馆藏宋刻本(馆藏号:8664)与明内府刻本(馆藏号:9760)对校,并随机选择该书第四卷予以校对。现将比对结果列表如下:

表2　明内府刻本、宋刻本《资治通鉴纲目》卷四异文对照表

明内府刻本	宋刻本	备注
夏四月,太皇太后薄氏崩。	夏四月,太皇太后崩。	宋本脱文。
文帝不忍。	文帝弗忍。	异文。
誘天下亡人謀作亂,反益驕。	誘天下亡人謀作亂,反益驕溢。	内府本脱文。
削之其反亟禍小,不削其反遲禍大。	削之其反亟禍小,不削反遲禍大。	宋本脱文。
上令列侯公卿宗室雜議,莫敢難。	上令公卿列侯宗室雜議,莫敢難。	倒文。
上曰:"計安出?"盎對曰:"願屏左右。"	上曰:"計安出?"盎曰:"願屏左右。"	宋本脱文。
上默然。良又曰;"願誠何如?吾不愛一人以謝天下。"	上默然。良又曰;"願誠如何?吾不愛一人以謝天下。"	倒文。
走丹徒,保東越,東越人殺之。	走丹徒,保東越,越人殺之。	宋本脱文。
徙淮陽王余為魯王,汝南王非為江都王,立子端為膠西王,胜爲中山王楚元王子禮為楚王。	徙淮陽王余為魯王,汝南王非為江都王,立楚元王子禮為楚王,子端為膠西王,胜爲中山王。	倒文。
夏四月,立子榮為皇太子,徹為膠東王,赦。徙衡山王勃為濟北王,廬江王賜為衡山王。五年冬十月,晦,日食。春正月,作陽陵邑,募民徙居之。	夏四月,立子榮為皇太子,徹為膠東王,赦。冬十月,晦,日食。徙衡山王勃為濟北王,廬江王賜為衡山王。五年春正月,作陽陵邑,募民徙居之。	參校司馬光《資治通鑑》,知"十月晦,日食"在孝景四年十月,故宋本誤。
遂案誅大行而廢太子,太傅竇嬰力爭不能得。	遂案誅大行而廢太子,太子太傅竇嬰力爭不能得。	參校《漢書》《資治通鑑》知孝景六年竇嬰已爲太子太傅。故内府本脱"太子"二字。

明内府刻本	宋刻本	备注
始為中郎將,敢直諫。	始為中郎將,敢直課。	據文意,此處當爲"諫",宋本誤。
謂帝曰:"宫車晏駕。"	謂帝口:"安車晏駕。"	據文意,此處當爲"宫車",宋本誤。
(中元)四年夏,蝗。……五年冬十月,日食。	乙未四年夏,蝗。冬十月日食。	参校《資治通鑑》,日食在中元四年冬十月。内府本誤。

明内府刻本《资治通鉴纲目》卷四与宋刻本相校,共得异文14处,其中参考相关工具书,可以确定内府刻本为脱、误者三,宋刻本脱、误者七,不影响文意的异文有四处。从比对结果来看,内府刻本较宋刻本更佳。

三、明内府刻本《文献通考》与元西湖书院刻本之比较

《文献通考》宋末元初马端临撰,书凡24门,348卷。目前所知存世最早的是元泰定元年(1324)西湖书院刻本,因国家图书馆所藏西湖书院刻本(馆藏号:01205)为残卷,卷一、二皆不存,故取其卷三"田赋考"部分与明内府本(馆藏号:8868)对校,校对结果如下表:

表3　明内府刻本、元西湖书院刻本《文献通考》卷三"田赋考"异文对照表

明内府刻本	元西湖书院刻本	备注
占田違限者有禁。	占田退限者有禁。	據文意,此處當作"違限",即"違反限令"之意,元刻本誤。清刻本從内府本。
當是時,姚崇、宋璟、張九齡輩皆在。	當是時,姚崇、宋憬、張九齡輩皆在。	據《舊唐書》,此處當爲"宋璟",元刻本誤。
天寶中,應受田一千四百三十萬三千八百六十二頃十三畝。	天寶中,應受田一千四百三十萬二千八百六十二頃十三畝。	参校唐杜佑《通典》,此處當爲"三千",元刻本誤。
代宗寶應元年,租庸使元載以江淮雖經兵荒,其民比諸道猶有資產。	代宗寶應三年,租庸使元載以江淮雖經兵荒,其民比諸道猶有資產。	参校《資治通鑑》卷二百二十二,元載事在寶應元年,元刻本誤。

明内府刻本	元西湖书院刻本	备注
民有蓄穀十斛者。	民有舊穀十斛者。	據文意,此處當作“蓄”,元本誤。
大曆元年,詔天下苗一畝稅錢十五,市輕貨給,百官手力課,以國用急,不及秋苗方青則徵之,號青苗錢。	大曆元年,詔天下苗一畝稅錢十五,市輕貨給,百官手力課,以國用急,不及秋方苗青則徵之,號青苗錢。	據文意,元刻本倒文。
舊制三百八十萬五千,使者按得主戶三百八十萬,客戶三十萬。	舊戶三百八十萬五千,使者按得主戶三百八十萬,客戶三十萬。	异文。
利率多者為兩稅定法。	科率多者為兩稅定法。	據文意,元本誤。
有廬舍器用,價高而終歲利寡。	有廬舍,價高而終歲利寡。	元本脱文。
重處流亡益多,輕處歸附益少。……有歸附則散出,已輕者愈輕。	重處流亡益多,輕處歸附益众。……有歸附則散出已輕者愈輕。	此言流民自重稅地區向輕稅地區流動,故内府本誤。
國家設考課法。	國家設者課法。	據文意,此處當爲“考課”,元本誤。
若人益阜實,稅額有余,據戶均減。十三為上課,減二次之,減一又次之。	若人益阜實,稅額有余,據戶均減。十三為上課,減土次之,減一又次之。	據文意,此處當爲“二”,元刻本誤。
使聚糧賑救者無以謀大利。	使據穀幸災者無以謀大利。	内府本文意不通,誤。元刻本是。

上表所列内府本《文献通考》与元西湖书院刻本“田赋考”部分相校,异文13条,其中内府本误者两处,元刻本脱、误者10处,不可确定者一处。清代著名校勘学家、藏书家顾广圻曾说:“明中叶以后,刻书无不臆改。”①内府本《文献通考》刊于嘉靖三年(1524),属于典型的明中后期刻本,但是通过对此书明代内府本和元西湖书院本的比较,内府本显然优于西湖书院刻本。以此观之,顾广圻氏所言未免失于绝对。

① (清)顾广圻:《思适斋书跋》,上海古籍出版社,2007年,第76页。

四、明代内府刻本遭贬原因分析

明代内府刻本在中国雕版印刷史上一直以来人们对其评价均不甚高，已成不争的事实。那么究竟是什么原因致使内府刻本长期以来背负着这样的污名呢？笔者认为主要有以下几个原因：

第一，明代的内府刻书很长时间主要由司礼监主持①，而司礼监又是由太监主管的机构，使内府刻本贴上了"阉寺主其事"②的标签。持这一观点的版本学家不在少数，如：先师时永乐先生早年所著《古籍整理教程》一书中的"古籍版本"一节写道："经厂本版式宽大，行格疏朗，大黑口，鱼尾相向，大黑双边。字大如钱，多做赵体，醒目悦神。用上好洁白棉纸和佳墨精印。多作包背装，装帧华美大方。但经厂由太监主持，学识不高，错讹较多。"③

明清易代之际，由明入清的学者作为前朝遗民，出于总结亡国教训，对明代的政治、文化政策往往予以批评、否定。如顾炎武《日知录》曰："自八股行而古学弃，《大全》出而经说亡。"④明中后期以后，太监擅权成为明代政治的一个显著特点，作为一个腐朽的角色，太监这一群体本就容易招致方方面面的批评。明内府刻书主要由司礼监负责，难免夹裹其中，给人留下不好的印象。更有甚者，直指明内府刻书质量低下就是因为太监造成的。朱彝尊曾评价内府刻书："(《广韵》)第仍明内库镂版，缘古本笺注多寡不齐，中涓取而删之，略均其字数，颇失作者之旨。"⑤朱氏所言仅指《广韵》一书，虽四库馆臣、杨守敬《日本访书志》、王重民《中国善本书提要》均已对其辨证，后人不但未能重视，反而不辨缘由，将此种评价扩大到了明代内府刻本整体，"校刊不精"几成世人对明代内府刻本的不刊之论。

第二，清代四库馆臣出于政治目的对明代内府刻书恶意贬损。入清之后，清廷为了笼络人心，昭示盛世，于乾隆年间纂修了《四库全书》，成为清代

---

① 明代参与内府刻书的机构较为复杂，关于司礼监在内府刻书中的地位与作用，详见拙文《明代内府刻书机制考论——以敕纂修图书为中心》，载《河北大学学报》2015年第3期，第86—92页。

② 潘承弼、顾廷龙：《明代版本图录初编》，文海出版社有限公司印行，1971年，第157页。

③ 时永乐：《古籍整理教程》，河北大学出版社，1997年，第33页。

④ (清)顾炎武著，黄汝成集释：《日知录集释》，上海古籍出版社，2006年，第1045页。

⑤ (清)朱彝尊：《曝书亭序跋》，载《中国历代书目题跋丛书》，上海古籍出版社，2010年，第38页。

官方主持的最大的文化工程。《四库全书》的去取标准代表了清廷统治阶级的主导意识,四库馆臣由于政治立场所系,往往讥评明代内府所刻之书"其书本不足存"[①],"其书本不足录"[②],此等评价实为取悦当时最高统治者,于今看来则属粗暴、随意之至。但是与修馆臣多为一时硕彦,他们的评判对于学术影响之深远自不待言,加之《四库全书总目》产生以来在学术界的地位,难免使学人对内府本的认识产生误导。

第三,在内府刻书的质量这一问题上,前人的研究成果中还有一个问题值得引起特别注意,这就是关于明代内府刻书的批评,缺乏基于内府刻书实例的举证,存在人云亦云的现象。如毛春翔先生归纳内府刻本的特点时写道"经厂本……形式颇为美观,惜校雠不精,后人不甚重视"[③]。孙钦善就在《中国古典文献学》一书中完全因袭了毛氏的观点[④]。陈雪云《明代官府刻的书》一文也说:"经厂本多校勘不精,错讹较多,所以不为后世所重。"[⑤]这些论断一脉相承,但却从未指出根据所在,实难令人信服。

还有些学者在行文时误解前人断语,从而得出错误的结论。清人陆心源曾慨叹"明人好刻古书而古书亡"。张磊《明代刻书管窥》一文据此认为:"明代刻本最明显的缺点主要集中在这两个方面,一是校订不太精审,错误遗漏处相当多,有些印书随便、草率,官刻、坊刻都存在着这种情况。二是逞臆妄改,如妄改书名,删节内容,伪造古书等,使原书失去本来面貌,故后人有'明人刻书而书亡'之讥语。"[⑥]事实上并非所有的明代刻书类型都是粗制滥造的,叶德辉在《书林清话》一书中既特别指处这是针对明代的书帕本而言的[⑦]。内府本就是官府刻书最重要的一种,如果研究者不加分辨,断章取义,不但不利于发现内府刻书的价值所在,反而会加深人们对于内府本的误解。

五、结束语

著名图书馆学家、版本学家顾廷龙先生曾呼吁要重视明刻本,他说:"明本之于今日,其可贵诚不在宋元之下。盖清初之去北宋末叶与今日之距洪

① (清)永瑢等编:《四库全书总目》,中华书局,1965年,第128页。
② 同上,第363页。
③ 毛春翔:《古籍版本常谈》,上海古籍出版社,2002年,第63页。
④ 孙钦善:《中国古典文献学》,北京大学出版社,2006年。
⑤ 陈雪云:《明代官府的刻书》,《档案管理》2003年第4期,第4页。
⑥ 张磊:《明代版刻管窥》,《图书馆杂志》2001年第3期,第48—49页。
⑦ 叶德辉:《书林清话附余话》,中华书局,1957年,第180页。

武纪元,其历年相若一也。"[①]顾老说这段话的时候是在 20 世纪 40 年代初,如今时间已经又过去了 70 余年,仅从时间上来说,对于明刻本的重新审视也理应提上学术日程了。庆幸的是,随着人们对内府本的了解逐步加深,有些学者则对全面否定内府刻书的观点开始提出不同看法,认为对内府刻书的版本价值应辨证的对待。南炳文、何孝荣在《明代文化研究》一文中写道:"内府刻书具有独特的风格,其书板式宽阔,行格疏朗,字大如钱,纸墨皆精,展卷悦目醒神……过去的藏书家出于对宦官的鄙视,因其人而及其书,对明内府刻本多所指斥诋毁。平心而论,这是不公道的。"[②]

通过明内府刻本与相应宋元刻本的比较,我们应该不难发现内府本《周易传义》《资治通鉴纲目》《文献通考》在内容质量上其实远远优于相应的宋元刻本。换言之,明代内府刊刻的前朝已有图书精于校雠,错误率较低,实属明刻之精品,具有较高的版本研究价值,今人治学应予以足够重视。

① 潘承弼、顾廷龙:《明代版本图录初编》,文海出版社有限公司印行,1971 年,第 2 页。

② 南炳文、何孝荣:《明代文化研究》,人民出版社,2006 年,第 2 页。

《事类赋》版本叙录

景晶　踪凡

一、引　言

《事类赋》是一部重要的类书，也是一部十分独特的赋学文献。著者吴淑（947—1002），字正仪，润州丹阳（今江苏省丹阳市）人。以属文敏速、工于篆籀荐试学士院，授大理评事。预修《太平御览》一千卷、《太平广记》五百卷、《文苑英华》一千卷等。尝献《事类赋》百篇，诏命注释，淑乃分注成30卷上之。迁水部员外郎。宋至道二年（996）兼掌起居舍人事，预修《太宗实录》。再迁职方员外郎。著有《文集》十卷、《江淮异人录》三卷、《秘阁闲谈》五卷、《说文五义》三卷等。《宋史》有传。

《事类赋》原名《一字题赋》，是以赋的形式写成的类书。对于本书的编写缘由，吴淑《进注事类赋状》云："伏以类书之作，相沿颇多，盖无纲条，率难记诵。今综而成赋，则焕焉可观。"其使用赋体的形式铺陈天地山川万物，旨在帮助读者记诵，解决一般类书枯燥乏味、难以记诵的缺点。全书分为14个部类：天部、岁时部、地部、宝货部、乐部、服用部、什物部、饮食部、禽部、兽部、草木部、果部、鳞介部、虫部；每部之下又分若干子目，全书凡100个子目。这些都与类书略同。但每一子目皆用赋体写成，实际上是100篇短赋。例如"天部"之下，依次有《天赋》《日赋》《月赋》《星赋》《风赋》《云赋》《雨赋》《雾赋》《露赋》《霜赋》《雪赋》《雷赋》，凡12篇（原书无"赋"字），音韵铿锵，朗朗上口。因为赋题皆使用一个字，故名《一字题赋》。

二、《事类赋》的版本

《事类赋》完成后，流传甚广，宋代就多有著录。宋陈振孙《直斋书录解题》卷十四类书类称："《事类赋》三十卷，校理丹阳吴淑正仪撰进并注。"《郡斋读书志》卷五上宋赵希弁附志："《补注事类赋》三十卷。右吴淑所进也。始淑进一字赋百首，为二十卷，奉旨令其注释，遂广为三十卷云。淑，勃海人。"宋郑樵《通志·艺文略》类书类："《事类赋》三十卷，吴淑撰。"此后各代皆有著录和介绍。元马端临《文献通考·经籍考》子部类书类："《事类赋》三十卷。陈氏曰：校理丹阳吴淑正仪撰进并注。"《宋史·艺文志》子部类事类："吴淑《事类赋》三十卷。"而明清时期的目录学著作如《钦定天禄琳琅书目》卷九、《四库全书总目·子部》等记载尤其详尽，限于篇幅，不赘。现将笔者所查阅之《事类赋注》不同版本情况略作介绍，以展示该书的历代流传情况，且为研究《事类赋》的学者提供参考。

1. 宋绍兴十六年（1146）两浙东路茶盐司刻本

国家图书馆善本部藏，索书号：11351（胶卷）。原书不可见，现据中华再造善本原大影印本著录如下：本书共16册，书高28.8厘米，宽18.2厘米，内衬B面钤有"五福五代堂古稀天子宝""八徵耄念之宝""太上皇帝之宝"3枚大方朱印，乃乾隆皇帝晚年之印。此书无目录，首边惇德序1叶，钤"天禄继鉴""乾隆御览之宝""秀野草堂顾氏藏书印"；以下即为正文。半叶8行，行大16或17字，小字双行每行23—25字不等。左右双边，白口，单黑鱼尾。版框高22.2厘米，宽15.9厘米。版心有刻工名：余竑、徐兴、楼仅、顾忠、孙免、朱琰（1册）、阮于、陈明仲、徐高、徐皋、陈锡、薛茂、王宝、施蕴、毛谅、包正、梁济（8册）等。卷端题"事类赋卷第一"，次行刻"勃海吴淑撰奉敕注"，三行"天部一"，四行"天，日，月"，五行低3字刻篇名"天赋"，六行顶格刻《天赋》正文，夹注为双行小字。此页钤有"赵礼用观""赵""造玄道人"（阴文）、"蒋氏珍藏""成之之印""项元汴印""子京父印""槜李"（圆章）、"项笃寿印"（阴文）、"项氏字长"（阴文）、"北京图书馆藏"，凡11枚小篆朱印。卷一之末钤有"乾隆御览之宝"（圆章）、"天禄琳琅""玄斋""天水郡"（阴文）、"赵礼用观""清如许""琴书自娱"（阴文）、"赵彦和"（阴文）、"赵生印"（阴文）、"礼用"（阴文）、"芸西清思"（阴文）、"清白传家"（阴文）、"天水郡图书印""云间赵礼用印彦和章""子子孙孙其永宝之"，凡15枚朱印。可知此本曾先后被元赵礼用，明项笃寿、项元汴、蒋成之，清天禄琳琅藏书楼（乾隆皇帝御览），北京图书馆等藏书家或藏书机构收藏。

2. 明刻本（元广平王盘校勘本）

北京大学图书馆所藏善本，索书号：SB/031.85/2637。本书1函12册，书高 27. 1 厘米,宽 17. 7 厘米。书衣黄色,下方印“瞿氏藏书/第　号”章,空格处以墨笔书“壹”字。首边惇德《事类赋序》1 叶;次吴淑《进注事类赋状》1 叶;次目录 5 叶;以下为正文。半叶 12 行,行 20 字,小字双行同。左右双边,白口,单黑鱼尾。版框高 19. 9 厘米,宽 15. 4 厘米。卷端题“事类赋卷之某,宋博士渤海吴淑撰注,元学士广平王盘校勘”,版心刻“事类赋卷某”和页码。第 12 册书末余纸有墨笔所书之衔名 3 行:“宋绍兴丙寅右迪功郎特差监潭州南岳庙边惇德,左儒林郎绍兴府观察推官主管文字陈绶,右从政郎充浙东提举茶监司干办公事李端民校勘。”又有“甲午季冬购于淮浦,其值番钱三十。郁秋华阁主记”一行。钤印:“国立北京大学藏书”。

按:王盘(1202—1293),字文炳,号鹿庵,金元间广平永年(今河北邯郸东北)人。金正大四年(1227)进士,不就官。入元,拜益都等路宣抚副使,病免。后又拜翰林直学士,迁太常少卿。卒谥文忠。《元史》有传。

3. 明嘉靖间新安陆氏刻本(明新安岩镇潘氏校刊本)

北京大学图书馆所藏善本,索书号:SB/031. 5/2637. 2。本书 1 函 6 册,书高 27. 8 厘米,宽 17. 2 厘米。首边惇德《事类赋序》1 叶,版心下部有“黄琏刊”3 字;次吴淑《进注事类赋状》1 叶;次《事类赋目录》5 叶;以下为正文。半叶 12 行,行 20 字。版框高 20. 1 厘米,宽 15. 3 厘米。卷端题“事类赋卷之一,宋博士渤海吴淑撰注,皇明新安岩镇潘仕、杰校刊”。钤印:“徐思曾印”(阴、篆、朱、方)、“孝则”(阳、篆、朱、方)、“北京大学藏书”(阳、篆、朱、方)。

按:潘仕、潘杰,明嘉靖年间新安严镇人,兄弟二人合刻《事类赋》三十卷。黄琏(1513—?),字廷用,明嘉靖间歙县虬村人,刻字工人,参刻过《文心雕龙》《双溪文集》等。可知此书由潘仕、潘杰校勘,黄琏参刻,时间在明嘉靖年间。北京大学图书馆以为陆氏刻本,不详所据,暂从之。

衬页上贴一纸条,有向达墨笔识语 8 行,如下:“抗战前,傅增湘先生从北大图借去明刊本《事类赋》一部六册(尚未盖馆章),最近由其子傅晋生先生检出,交还本馆,请复函致谢。晋生先生现在团城社会文化事业管理局第四处任职,谢函可径寄该处。《事类赋》可查城内旧账。若查不出,另行登录。(致)童先生。向达廿七(1938)(未查出)。”承北京大学图书馆李云先生告知,向达先生于 1938 年任北平图书馆馆长。傅增湘先生之子傅晋生先生送还《事类赋》一部(经有关人员查检,账本无记录),诚信可嘉;向达先生特撰此笺,嘱馆内人员覆函致谢,亦恭谦有礼。堪称一段佳话。

4. 明嘉靖十一年(1532)锡山蔡弼刻本

国家图书馆善本部藏,索书号:02670(胶卷)。本书凡6册。首边惇德《事类赋序》1叶,钤印"淮阳杜氏藏书""文素松印"(阴文)、"北京图书馆藏";次吴淑《进注事类赋状》1叶;次《事类赋目录》5叶,钤印"卧园珍藏""龙彬眼福"(阴文);以下为正文。半叶12行,行20字,小字双行同。左右双边,白口,单黑鱼尾。卷端题"事类赋卷之一,宋博士渤海吴淑撰注,皇明锡山后学蔡弼校刊",钤印"卧园所得善本"。

5. 明嘉靖十一年壬辰(1532)崇正书院华麟祥校刻本

北京大学图书馆藏,索书号:LSB/1472。本书1函4册,书高25.7厘米,宽17.4厘米。首边惇德《事类赋序》1叶,钤印"? 麓居士""钱氏家藏书印""北京大学藏"3枚小篆章;次吴淑《进注事类赋状》1叶;次《事类赋目录》5叶;以下为正文。半叶12行,行20字,小字双行同。左右双边,白口,单黑鱼尾。版框高19.8厘米,宽15.4厘米。卷端题"事类赋卷之一,宋博士渤海吴淑撰注,皇明都事锡山华麟祥校刊"。版心上部刻"崇正书院"4字;鱼尾下刻"事类赋卷某"和页码;最下刻书家和刻工名。例如卷一第1叶版心下部刻"王辉书,何瑞刊"6字。统观全书,涉及的书家名有:王辉、周慈、明之、陆臣、叶臻(蓁)、莫拙、秦鋆,刻工名有:何瑞、何恩、何忠、何文、何子荣、何凤、何表、何求(球)、何良、何钲、何受、陆准、陆儒、顾铨、陆鏊、陆宣、章悦、章元、章守中、章亨、李清、李泽、潘祈、唐琼、唐璠、顾迁、周永日(周允日)、方敖、方瑞。每个版面左上角皆有书耳,刻篇名和次第,如"天赋第一""日赋第二""蚁赋第一百"等。卷三十之末刻有衔名12行:"宋绍兴丙寅右迪功郎特差监潭州南岳庙边惇德,左儒林郎绍兴府观察推官主管文字陈绶,右从政郎充浙东茶监司干辨公事李端民校勘,皇明嘉靖壬辰常州府无锡县学生倪奉、施渐、浦锦、陆子明、苗之寔、秦采、俞寰、华复初、安如石重校。"最后为华云《刻事类赋叙》2叶。

按:华麟祥,字时正,无锡人,嘉靖年间曾任浙江布政使。有崇正书院,所刻《事类赋》被后人屡次翻刻,影响十分深远。

又,国家图书馆普通古籍阅览室藏本,索书号:142446。本书1函12册(缺第8册)。卷首有华云《刻事类赋序》2叶;边惇德《事类赋序》1叶;以下为目录和正文。版式与北大藏本全同,盖为重印本。有书耳,刻"天赋第一"字样。钤印"季忠(?)""大中臣""无求备斋藏书图记""灵峰藏书""连? 严氏""北京图书馆藏"等。

又,国家图书馆善本部藏本,索书号:14565(胶卷),原书 4 册。钤印“国立北平图书馆珍藏”。

6. 明嘉靖十三年(1534)白玶刻本

国家图书馆善本部藏,索书号:11934(胶卷)。此本共 8 册。首李濂《刻事类赋序》1 叶;次吴淑《进注事类赋状》1 叶;次《事类赋目录》5 叶;以下为正文。半叶 11 行,行 20 字,小字双行同。四周单边,大黑口,单黑鱼尾。卷端题“事类赋卷之一,宋博士渤海吴淑撰注”,第三行空白,不知何故。书末有陈全《刻事类赋后序》2 叶。钤印“如兰”“五福堂”“五福堂收藏明版善本书”“黄绍斋家珍藏”“谦牧堂藏书记”(阴文)、“茂陵秋雨”“沈国夏原名大来”“玄圃堂”“涤中氏”“谦牧堂书画记”。

按:白玶,河北南宫人,嘉靖十三年曾刊刻《事类赋》三十卷和王銮《幼科类萃》二十八卷。

国家图书馆善本部又一本,索书号:16291(胶卷),亦 8 册。钤有“冯雄”“柏崖”“南通冯氏景岫楼藏书”“长乐郑氏藏书之印”“长乐郑振铎西谛藏书”“北京图书馆藏”诸印。

7. 明锡山秦汴覆刻华麟祥校本

国家图书馆普通古籍阅览室藏,索书号:41049。本书 1 函 6 册(存 5 册,缺第 14—19 卷),原书高 24.3 厘米(修复后高 32.5 厘米),宽 17.4 厘米。书衣钤有一紫色楷书竖印“苏州吴梅(1884—1939,字瞿安,别号霜崖)藏书”,墨书:“缺十四至十九”。内书衣有题记 3 行:“事类赋六册,明嘉靖翻宋本,董文敏藏,乙酉六月程子和赠”。首边惇德《事类赋序》1 叶,钤印“董其昌印”“太史氏”,皆阴文方印;次吴淑《进注事类赋状》1 叶;次《事类赋目录》5 叶,钤印“芴盦”;以下为正文。半叶 12 行,行 20 字,小字双行同。左右双边,白口,单黑鱼尾。版框高 19.8 厘米,宽 15.4 厘米,与华麟祥校刻本全同。第 1 册卷端题“事类赋卷之一,宋博士渤海吴淑撰注,明锡山后学秦汴校刊”,钤印“潘志万印长寿”“北京图书馆藏”。版心简括,仅在鱼尾之下刻“事类赋卷某”和页码。后书衣钤有楷书长印:“献书人吴良士、见青、炼青、南青捐赠”。刻工有:易、赞、晋、定、介、王良鲁、林三、刘六、余三、彦、周、銮、昶、见、大可、元、尚显(刊)、奇、蔡武、叶十、中、升、亮、福、何、叶、元四(刻)、相、国、贤、赵、舜、胡、式、叶华。此本第 2—5 册卷端仍题为“皇明都事锡山华麟祥校刊”,可见 41049 乃拼合之本也。

今按：秦汴(1509—1581)，字景宁，号次山，明嘉靖间无锡人，室号绣石书堂。著有《怀里斋集》，辑录《三才通考》三卷并自刻之。此外尚刻过《锦绣万花谷》一百五十卷、《事类赋》三十卷、《古今合璧事类备要》二百六卷等。

8. 明覆刻华麟祥本

国家图书馆普通古籍阅览室藏，索书号：38019。本书 1 函 4 册，书高 24.4 厘米，宽 16.7 厘米。首边惇德《事类赋序》1 叶；次华云《刻事类赋叙》2 叶；次《事类赋目录》4 叶；以下为正文。半叶 12 行，行 20 字，小字双行同。左右双边，白口，单黑鱼尾。版框高 18.7 厘米，宽 15.4 厘米。卷端题"事类赋卷第一，宋博士渤海吴淑撰注，明后学无锡华麟祥校刊"，钤印"松坡图书馆藏""北京图书馆藏"。显然系覆刻华麟祥校本。版心刻"事类赋卷一(天)"和页码。刻工有：徐已先、诸心简、诸心见、李业、吉山、柏秀、张公化(公化)、陶在方(在方)、徐遵王、汪云企、赵效文(效文)、邵可士、玉山、用良、茂元、毕敏来、宗玉、陈宪章、陈圣宗、穆圣传、王子祥、子先、李王、诸帝简、陈子云、邵子国、朱见心、元亦、赵效友、兆明、贤如、薛圣先、诸友忠、潘玉。

9. 明覆刻华麟祥校本

国家图书馆普通古籍阅览室藏，索书号：37045。本书 1 函 6 册，版式、文字与上本同，亦为覆刻华麟祥校本。不同之处在于：此本版框高 19.4 厘米，宽 15.2 厘米，且无刻工名。

10. 明嘉靖乙未(1535)叶氏作德堂覆刻无锡华氏本

北京大学图书馆藏，索书号：LSB/4813(胶卷)。本书 1 函 6 册，有抄配。首边惇德《事类赋序》2 叶；次《事类赋目录》6 叶，每叶右下方刻一阴文，分别为"智、仁、圣、义、中、和"；以下为正文。卷端题署与华麟祥刻本相同："事类赋卷之某，宋博士吴淑撰注，皇明都事锡山华麟祥校刊"，但版式不同。此本半叶 10 行，行 20 字。四周单边，大黑口，双鱼尾(黑、顺)。上鱼尾上方有小象鼻，再上刻"事类赋注第一卷"；上下鱼尾之间刻"某某部"；下鱼尾之下刻页码，最下为象鼻。书末有一长方形牌记："皇明乙未孟冬叶氏作德堂刊"。此本显然系明叶氏作德堂覆刻无锡华麟祥本，其刻印当然晚于华氏本。刊刻年乙未，应系嘉靖乙未(1535)。

按：作德堂，明嘉靖间人叶一兰、叶天熹的书坊名。刻印过《事类赋》三十卷、《性理大全书》七十卷等。

11. 明万历间徐守铭宁寿堂刻本

国家图书馆善本部藏,索书号:9836(胶卷)。本书已残,仅存1册(卷十三、十四、二十二)。书衣上贴一书签:“元版事类赋/第十九册。”内衬有墨书6行,移录《天禄琳琅书目》相关内容。内衬B面钤有“五福五代堂古稀天子宝”“八徵耄念之宝”“太上皇帝之宝”3枚大方朱印,皆乾隆皇帝晚年之印。卷端题“事类赋卷之二十二/三吴徐守铭警卿校梓,长洲杜大中子庸同校”。半叶12行,行20字,小字双行同。左右双边,白口,单黑鱼尾。版心刻书名、卷次和页码,鱼尾之上刻“宁寿堂”3字。钤印“天禄琳琅”“天禄继鉴”“乾隆御览之宝”。

按:徐守铭,字警卿,吴郡(今江苏苏州)人,室名宁寿堂,生活于明万历年间,刻印过《初学记》《元白长庆集》等。

12. 清康熙三十八年(1699)无锡华氏剑光阁刻本

北京大学图书馆所藏善本,索书号:SB/031.85/2637.3。此本凡3册,与《广事类赋》5册合函。书高24.4厘米,宽16.2厘米。内封镌:“宋本校刻,事类赋,剑光阁藏版”字样。首边惇德《事类赋序》1叶;次吴淑《进注事类赋状》1叶;次《事类赋目录》;以下为正文。半叶12行,行20字,小字双行同。左右双边,白口(或细黑口),单黑鱼尾。版框高19.4厘米,宽15.4厘米。卷端题“事类赋卷第一,宋博士渤海吴淑撰注,明后学无锡华麟祥校刊”,版心镌“事类赋卷一”和页码。钤有“北京大学图书馆藏印”章一枚。刊刻时间据华希闵《广事类赋序》所署。

13. 清乾隆二十九年甲申(1764)剑光阁刻本

国家图书馆普通古籍阅览室藏,索书号:39176。本书1函6册,书高24.7厘米,宽16.1厘米。内封B面镌:“乾隆甲申新镌,重订事类赋,剑光阁藏版”字样。首边惇德《事类赋序》1叶;次华云《刻事类赋叙》2叶;次吴淑《进注事类赋状》1叶;次《事类赋目录》;以下为正文。半叶12行,行20字,小字双行同。左右双边,白口,单黑鱼尾。版框高19.1厘米,宽15.4厘米。卷端题“事类赋卷第一,宋博士渤海吴淑撰注,明后学无锡华麟祥校刊”,鱼尾之下镌“事类赋卷一(天)”和页码,版心下方刻“会成堂”3字。

又北京大学图书馆藏本,索书号:X/9297/2334。此本亦1函6册,书高

25. 5cm，宽 16. 4cm。内封 B 面亦镌有“乾隆甲申新镌，重订事类赋，剑光阁藏版”字样，并且钤有“锡山华氏图书口”圆形章。但仔细核对，与上本版式显然不同。此本半叶仅 11 行，行 20 字，版框高仅 18. 1cm，宽 13. 8cm，字体也有明显差异。卷一“太初之始，玄黄混并”一句，“玄”字此本作“元”；注释“列子曰”此本作“列子”加外围。版心下方无“会成堂”3 字。首页钤有“剑光阁”“燕京大学图书馆”2 印。很可能是后印本。至于此本与国图本之关系，何者为真正的乾隆甲申本，则有待进一步考证。

14. 清乾隆四十三年（1778）文渊阁四库全书本（抄本）

此本不可见，据影印本介绍如下：共 8 册，第一册书衣题签：“钦定四库全书（事类赋，目录、卷一、二）”。首《事类赋目录》9 叶（含提要）；次吴淑《进注事类赋状》1 叶；次边惇德《事类赋原序》1 叶；以下为正文。半叶 8 行，行 21 字，小字双行同。四周双边，白口，单黑鱼尾。卷端题“钦定四库全书，事类赋卷一，宋吴淑撰”，鱼尾之下镌“事类赋”3 字。

15. 清乾隆五十八年癸丑（1793）绣谷周氏令德堂刻本

北京大学图书馆藏，索书号：LSB/5934（胶卷）。原书 1 函 4 册，标题页镌：“乾隆癸丑新镌，重订事类赋，令德堂藏板”。首华云《刻事类赋叙》2 叶（版心刻有“事类赋序”、页码、字数和“令德堂校刊”字样）；次边惇德《事类赋序》1 叶；次《事类赋目录》5 叶；以下为正文。半叶 11 行，行 20 字，小字双行同。四周单边，白口，单黑鱼尾。卷端题“事类赋卷第一，宋博士渤海吴淑撰注，明后学无锡华麟祥校刊”，首行下方有“绣谷周令德堂校刊”字样，似为墨笔补书。版心中部刻有“事类赋卷一（天）”和页码，上部刻本版字数，下部刻“令德堂校刊”5 字。钤印“北京大学藏”。

16. 清覆刻明华麟祥校本

国家图书馆普通古籍阅览室藏，索书号：38024。本书 1 函 4 册，书高 24. 6 厘米，宽 16 厘米。首华云《刻事类赋叙》2 叶；次边惇德《事类赋序》1 叶；次《事类赋目录》5 叶；以下为正文。半叶 11 行，行 20 字，小字双行同。左右双边，白口，单黑鱼尾。版框高 18. 3 厘米，宽 13. 8 厘米。卷端题“事类赋卷第一，宋博士渤海吴淑撰注，明后学无锡华麟祥校刊”，钤印“朱师辙观”“飞青阁藏书印”“松坡图书馆藏”“北京图书馆藏”。

17. 清嘉庆四年(1799)刻本

国家图书馆普通古籍阅览室藏,索书号:7154。本书1函4册,书高24.8厘米,宽16厘米。内封B面镌:"嘉庆四年新镌,重订事类赋,剑光阁藏版"字样。首边惇德《事类赋序》1叶;次华云《刻事类赋叙》2叶;次《事类赋目录》5叶;以下为正文。半叶11行,行20字,小字双行同。左右双边,白口,单黑鱼尾。版框高17.6厘米,宽13.9厘米。卷端题"事类赋卷第一,宋博士渤海吴淑撰注,明后学无锡华麟祥校刊"。版心上方刻有本版字数。钤印"国立北平图书馆珍藏"。

18. 清嘉庆六年辛酉(1801)文盛堂刻本

北京大学图书馆藏,索书号:LSB/8480。本书1函6册,书高16.4厘米,宽10.6厘米,接近32开本。内封B面镌:"嘉庆辛酉重镌,宋本校刊,事类赋,文盛堂藏版。"首边惇德《事类赋序》2叶;次《进注事类赋状》及校勘者衔名2叶;次华云《刻事类赋叙》2叶;次《事类赋目录》5叶;以下为正文。半叶10行,行20字,小字双行同。左右双边,白口,单黑鱼尾。版框高10.7厘米,宽8.9厘米。卷端题"事类赋卷第一,宋博士渤海吴淑撰注,明后学无锡华麟祥校刊"。钤印"北京大学藏"。

19. 清道光十七年(1837)善成堂刻本

国家图书馆普通古籍阅览室藏,索书号:39534。本书1函6册,书高18.6厘米,宽12.5厘米。内封B面镌:"道光丁求年镌,重订事类赋,善成堂藏版。"首边惇德《重订事类赋序》1叶;次华云《重刻事类赋叙》2叶;次《重订事类赋目录》6叶;以下为正文。半叶9行,行20字,小字双行同。首页左右双边(正文大都是四周双边),白口(偶有黑口或细黑口),单黑鱼尾。版框高13.5厘米,宽10厘米。卷端题"重订事类赋卷第一,宋博士渤海吴淑撰注,明后学无锡华麟祥校刊"。钤印"北京图书馆藏"。

20. 清道光十七年(1837)务本堂刻本

国家图书馆普通古籍阅览室藏,索书号:39981。本书1函6册,书高仅17.2厘米,宽11.5厘米,比上本更小。内封B面镌:"道光丁酉年镌,重订事类赋,务本堂藏版"。其版式、文字与善成堂刻本同,笔画亦相似,看来同出一源。但此本四周双边,细黑口,单黑鱼尾。版框高13.2厘米,宽10厘米。盖与善成堂本同年刻印,各自发行,以应时需。

21. 清同治三年(1864)刻本

国家图书馆普通古籍阅览室藏,索书号:39149。此本共6册,与《广事类赋》10册合并成2函。书高17.5厘米,宽11.1厘米,书衣钤有“大旱逢霖”阴文方章1枚。内封B面镌:“宋本校刊,事类赋,本衙藏版。”首华云《刻事类赋叙》2叶,钤有“大兴”章;次边惇德《事类赋序》2叶,序末有衔名12行;次《事类赋目录》6叶;以下为正文。半叶9行,行23字,小字双行同。左右双边,大黑口,无鱼尾。版框高12.7厘米,宽9.4厘米。卷端题“事类赋卷第一,宋博士渤海吴淑撰注,明后学无锡华麟祥校刊”。校刻时间据《广事类赋》所题。

三、《事类赋》的价值和影响

《事类赋》本为赋体,用典甚多,“经史百家传记,方外之说,靡所不有”(宋边惇德《事类赋原序》),读者必须熟悉古代相关历史事件或者语词出处,才能读懂赋文。为帮助读者理解赋意,宋太宗遂命吴淑为其作注。《进注事类赋状》又称:“所征既繁,必资笺注,仰圣谟之所及,在陋学以何称?今并于逐句之下,以事解释,随所称引,本于何书,庶令学者知其所自。”原书凡20卷,大约4万字;后在每句之下加以注释,篇幅增至25万字,遂厘为30卷,更名为《事类赋注》。请看“天部”《天赋》之开篇(注文本系双行小字,现改为括号):

> 太初之始,玄黄混并。(《列子》曰:“太易者,未见气也;太初者,气之始也。”陈思王植《魏德论》曰:“在昔太初,玄黄混并。”)及一气之肇判,生有形于无形。(潘岳《西征赋》曰:“化一气而甄三才。”《列子》曰:“夫有形者,生于无形。”)于是地居下而阴浊,(徐整《三五历》曰:“阳清为天,阴浊为地。”)天在上而轻清。(《易干凿度》曰:“轻清者上为天,重浊者下为地。”)……

一字一句皆注出处,征引内容涉及四部典籍和各类杂书,极为详赡。赋用骈体,句多四六,明人李濂以为“其赋体皆俳,匪古之轨,盖遵当时取士之制云尔”(《刻事类赋序》),差为近之。但是以这种体裁编撰类书,实为吴淑的首创。《四库全书总目》云:“唐以来诸本,骈青妃白,排比对偶者,自徐坚《初学记》始;镕铸故实,谐以声律者,自李峤《单题诗》始;其联而为赋者,则自(吴)淑始。”这种体例对后世影响颇大,续、仿、增补之作甚多。清朝有华希闵撰并自注的《广事类赋》,吴世旃撰并自注的《广广事类赋》,王凤喈撰并自注的《续广事类赋》,张均撰并自注的《事类赋补遗》,黄葆真汇辑的《增补事类统编》,等等。后人常常将《事类赋》与后人的《广事类赋》等合刊。

该书"赋既工雅,又注与赋出自一手,事无舛误,故传诵至今"(《四库全书总目》)。并且其所征引的古籍,如谢承《后汉书》、张璠《汉纪》、徐整《长历》等皆已失传,因而具有珍贵的文献价值,成为清代以来学者辑佚、校勘古书的重要资料来源。

《事类赋》既具类书功能,亦有鲜明的文学特色。该书"在善于镕铸典故、妙于采撷文献、章法错综繁复等以赋述类的特色外,同时也能在诸多篇章中表现出作为赋文学的文采与情韵"①。若从赋文学史和学术史的角度审视,那么"《事类赋》的出现反映了宋初踪武汉晋赋艺的风尚,标志着宋初赋重学习尚的形成"②。

研究《事类赋》,首先应该参考冀勤等点校的《事类赋注》(中华书局,1989年版)。研究论文有:权儒学《宋刻本吴淑〈事类赋〉》(《文献》1990年第2期)、周笃文、林岫《论吴淑〈事类赋〉》(《文史哲》1990年第5期)、王恩保《吴淑〈事类赋〉用韵研究》(《古汉语研究》1997年第3期)、刘培《〈事类赋〉简论》(《济南大学学报》2001年第5期)、程章灿《〈事类赋注〉引汉魏六朝赋考》(《古籍整理研究学刊》2000年第2期)、魏小虎《〈事类赋注引汉魏六朝赋考〉疏误考——与程章灿先生商榷》(《津图学刊》2004年第1期)等。

---

① 郭维森、许结:《中国辞赋发展史》,江苏教育出版社,1996年,第636页。

② 刘培:《〈事类赋〉简论》,《济南大学学报》2001年第5期,第49页。

·书海史话·

天津近代刻书家金钺及其刻书

胡艳杰

金钺(1892—1972),字浚宣,号屏庐,天津人。清末监生,能文善画,尤擅墨竹,能以书法会通。曾任民政部员外郎。辛亥革命后,专心著述与文献搜集整理,曾任天津修志局编修。著有《戊午吟草》一卷、《辛亥杂纂三种》四卷、《屏庐题画》一卷、《屏庐文稿》四卷等,辑有《天津金氏家集》《许学四种》等,刊有《天津文抄》《重刊广瘟疫论》《王仁安集》《屏庐丛刻》《天津诗抄》等。其常用之印章有"天津金氏""屏庐""金钺之印"等。名其居曰"心远楼"。20世纪二三十年代,先后刻印图书20余种,被世人称为天津近代喜好刻书的藏书家,为保存和传播乡邦文献做出了贡献。伦明在《辛亥以来藏书纪事诗》中称赞他:"乡邦著作网罗勤,铅椠连年自策励。韵事鲍金今再见,共惊空谷足音闻。"高凌雯在《志余随笔》中写道:"天津有藏书之家,无刻书之人,近惟浚宣喜为此。网罗旧籍,日事铅椠,十余年来未尝有闲。由其先人撰述,推及乡人著作,已刊行二十余种。"

1951年,金浚宣先生将其所刻部分书籍及木板捐赠天津图书馆。在李世瑜先生2007年捐赠给天津图书馆的《金浚宣先生劫余资料》中,有一份由天津市立第二图书馆开具的收据:"兹承慨赠图书墨板等件,充实本馆,便利读者,良用感佩,除将木板妥为保存,图书分类编目,以供市民阅读,谨函申请谢。并候文安,此致　浚宣金先生。天津市立第二图书馆启,一九五一年十月十四日。"另附一纸:"计收:天津文抄一函四册,金氏家训一册,善吾庐印谱一册,天津诗人小集十二种十册,曝书亭词拾遗二册,屏庐丛刻二函十二册,又续刻三种共四册,天津县新志人物艺文单行本一函四册,王仁安全集三函又一册共十九册,金氏家集四种一函六册,补注瘟疫论四册,许学四种一函四册,广瘟疫论二册,辛酉杂纂一函四册,屏庐文稿二册,妙莲花室诗词抄一册,屏庐题画一册,双清书屋吟草一册,欲起竹间楼存稿三册,感应篇引经笺注一册,各书木板四十八箱(箱皮退回)具,一九五一年十月十四日。"

今天津图书馆存金浚宣刻书木板共10种,1713块。具体情况如下:

1. 许学四种,1919年刻,存板106块。包括:(1)《说文提要校订》二卷,清陈健侯撰,存板48块(不全);(2)《说文提要增附》一卷,金钺辑,存板32块(不全);(3)《说文约言》一卷,金钺辑,存板7块(不全);(4)《许君疑年录》一卷,清诸可宝辑,存板19块(全)。

2. 戊午吟草,1920年刻,存板13块(全)。

3. 黄竹山房诗抄,1920年刻,存板87块(不全)。

4. 金氏家集,1920年刻,存板51块。包括(1)《致远堂集》三卷,金平撰,存板20块(不全);(2)《善吾庐诗存》一卷,金铨撰,存板15块(全);(3)《芸书阁剩稿》一卷,金至元撰,存板9块(全);(4)《田盘纪游》一卷,存板7块(全);(5)《金氏家训》一卷,木板(缺)。

5. 王仁安集(1—4),1921—1937年刻,存板610块(不全)。

6. 天津文抄,1921年刻,存板170块(不全)。

7. 妙莲花室诗词抄,1922年刻,存板11块(不全)。

8. 广瘟疫论,1922年刻,存板65块(不全)。

9. 屏庐丛刻,1924年刻,存板455块(不全)。包括:(1)目录,存板1块(不全);(2)《诗礼堂杂纂》二卷,存板56块(不全);(3)《介山自定年谱》一卷,存板15块(全);(4)《莲坡诗话》三卷,存板57块(全);(5)《铜鼓书堂词话》一卷,存板5块(全);(6)《画梅题记》一卷,存板5块(全);(7)《书法偶集》一卷,存板9块(全);(8)《南宗抉祕》一卷,存板16块(全);(9)《天台雁荡纪游》一卷,存板32块(全);(10)《焘思录》一卷,存板14块(全);(11)《竈妪解》一卷,存板32块(全);(12)《蓬窗附录》二卷,存板68块(不全);(13)《吟斋笔存卷》三卷,存板42块(全);(14)《耄学斋晬语》一卷,存板8块(全);(14)《古泉丛考》四卷,存板49块(全);(16)《金刚愍公表忠录》一卷,存板46块(全)。

10. 补注瘟疫论,1926年刻,存板145块(不全)。

金浚宣先生喜好雕刻古书,在其雕刻的古书前序后跋中,或目录前后刊记中,常见其刻书的经过和相关情况。如《致远堂集》卷末跋"庚辰秋八月第一次刻","是集刊成越六年丙寅秋月复校数过,又正讹若干字,并将前所缺遗者,反复推敲,一一酌补……"

《重刊广瘟疫论》一书,序云:"辛酉之春,予托厂估搜求多日,乃得一旧抄本,原版殆久佚矣……爰以予所得抄本与文波旧藏刻本参互考校,厘定重刊,俾广流传。"

他致力于保存乡贤文献,忧心于先贤之手稿无版刻流传,而徒存目录,文稿亡佚。在《屏庐丛刻》序中云:"天津修志局征集乡先辈著作,积之数年,罗致甚多,或手稿,或传抄,或旧刻,或残编,计之不下数百种。夫吾邑在明季时人文犹无所表著,自康雍以后,迄今二百年间,硕彦之辈起纂述之渊懿,蔚然灿然,足称大观,考之海内通都名邑人文偾兴之速实罕匹伦。呜呼,盛哉!庚申钺既有《天津文抄》之刻,复念乡先辈遗书甚夥,将来志书告成,修志局自必裁撤,征集之书必一一归还,异日,纵有好事者再欲会萃成帙,则搜集大非易易,且年久之后,蟫蠹为穿在所难免,瓿瓿用覆亦岂必无版刻已亡者,印本将日益以少,手稿仅存者传世将日益就湮,即收藏家倍加珍惜,而世局多故,人事无常,转徙流离,何能意及久之,又久恐今兹艺文所著录名目徒存,简篇难获矣。然则,及今刊传之责恶可缓邪。……凡十五种都二十四卷。召抄胥即局写定,次第锲版,浼张君君寿襄校,名之曰《屏庐丛刻》。敢云裒一乡之典籍,启来学之径涂,不过从吾所好,尝一脔而已,愿有同志者,起而继之,广求桑梓遗书,共图传布,阐幽光,延坠绪,则斯刻庶几为嚆矢也夫。甲子仲春天津金钺。"

又《黄山纪游》跋:"黄山纪游二卷,吾乡沈青来先生著。……尝汇录生平所见名画为《养素轩读画记》一书,至足珍贵,惜原本已散佚,即传抄亦无从访求矣。去年,姚君品侯,偶于古肆得先生手书《青来馆吟稿》十二卷,《题画诗》二卷,日记三册,均无卷次,亟以示钺,用共饮赏。钺假读一过,乃于日记中抄出嘉庆四年己未八月游览黄山往返之一节,而合以同时纪游诗,即吟稿第八卷也,辑出为此编,付诸剞劂,姑存全豹之一斑已耳。……戊寅孟春后学金钺。"

金钺所刻之书,多由北京文楷斋承担。如《许学四种》目录后刻"宛平德子元书于天津金氏屏庐文楷斋刻于京师",据此可知,书板写样工作是由书工宛平人德子元担任,工作地点在金钺家里,木板雕刻工作地点则是在北京文楷斋刻书处,即宣武门外西砖胡同法源寺后门。民国时期,文楷斋承刻书板,其所刻之书俱为精品,可见当时金钺雕刻古书木板是不惜本钱的。同时,金先生对木板刻字质量,书籍用纸,装帧等细节亦十分重视。在其与文楷斋的书信来往中,除刻书费用对账清单外,大多数是关于刻书书板的问题。文楷斋刻板,出书样后,邮寄给钺校对。金钺对刻书质量要求非常高,对于木板笔划印刷不清楚,笔划长短等细小之处,均认真的批校,并要求文楷斋补残后方可印刷。如,金钺写给文楷斋信中,有三通是关于雕刻《志余随笔》修补残笔的,其中一通云:"跋一页后一行二字,徵中间山头两竖削短点。又卷首二行题后第五字雯,除第四卷外,其第一、二、三、五、六卷,该字中竖,与下文字之上点削短,勿连成一笔。"另一通云:"《志余随笔》前嘱改改之卷一、十五页后末行八字厄改卮，又卮字下之转字补残，又卷三、十五页后四行，又卷一，十七页前六行三字‘而’补残。”

金钺刻书亦请名家题签，如《天津金氏家集》的书签分别由华世奎和章钰题写。《许学四种》的书签由罗振玉题写。同时，对于书的序、正文、书皮用纸，以及书签贴的位置，都有明确的要求。如关于《志余随笔》的用纸，在写给文楷斋的书信中说道："又以上照改毕，可再刷毛边纸的二十部，一切照上次一样，系磁青皮子，签字贴在皮外，但不知现时纸价较上次刷时有涨落否。文楷斋台鉴　金浚宣手启　十月初七日。"

金钺喜好刻书，也十分爱惜书籍。其与文楷斋书信中，云："又该书有包角，如须拆开另换(能不拆则更好矣)。务记合原色，方好与全部一律。至要之该板一块务代保存勿损是荷。文楷斋台鉴　金浚宣启　十月十一日。"因信札前文丢失，不知所刻为何书，但先生爱书，看重书板保存之心可鉴。

20世纪80年代初期，北京中国书店曾征集古书木刻印板，用于刷印古书。作为全国省级公共图书馆之一，天津图书馆无偿地向中国书店提供了天津图书馆旧藏的古书木板11种，其中9种为金钺所刻木版，计有：《许学四种》《戊午吟草》《金氏家集》《天津文抄》《广瘟疫论》《王仁安集》《妙莲花室诗词抄》《屏庐丛刻》和《补注瘟疫论》。1984年，中国书店选出《屏庐丛刻》一种刷印，并向天津图书馆赠送了四套样书，其余的10种古书木板没有刷印。此后，这批古书木板一直封存在中国书店一个印刷厂的仓库里，无人问津。直到2004年，天津图书馆向中国书店索回这批书板，并顺利地运回天津图书馆，完璧归赵。随着古籍保护工作的深入开展，金浚宣先生所刻的这批木板，将继续用于弘扬民族文化，传播乡邦文献。

北京师范大学图书馆五种陈垣藏书述略

马鸿雁　葛瑞华

陈垣（1880—1971）先生作为近现代著名历史学家和教育家，自1926至1952年间担任辅仁大学校长，1952—1971年间担任北京师范大学校长。陈垣先生挚爱读书和藏书，主张藏以致用，其生前四万余册藏书及手稿先后归入国家图书馆。北京师范大学图书馆藏古籍中有陈垣旧藏五种，索书号皆为辅仁大学馆藏排架号，这五种书应在陈垣先生任职辅仁大学期间入藏辅仁大学图书馆。1952年全国高等学校院系调整，辅仁大学并入北京师范大学，原两校的图书馆合二为一，这五种书因此成为北京师范大学图书馆所藏古籍，其中两种有陈垣题跋，另外三种为陈氏励耘书屋抄本。现分别介绍如下，希望有助于学界研究陈垣先生治学及其藏书。

1. 建康实录，（唐）许嵩撰，清光绪二十八年（1902）江宁甘氏桑泊草堂刻本。六册。

内封有民国三十一年（1942）陈垣手书跋文：

> 本书卷十一、二载裴子野《宋略》论凡十六首，皆严铁桥《全梁文》所未收。卷十四末载《宋略·总论》，《全梁文》维据《文苑英华》收之，亦可以本书校其同异。严氏盖未见此书也。原书目录不备，因属尹君敬坊补之。中华民国卅一年九月陈垣。

按：此书每册护页有补写的目录，乃学生尹敬坊手书。在刘乃和《陈垣的励耘书屋》一文中提到："我第一次看见这个书斋名的文字记载，是刚上辅仁大学读书的时候。那时陈垣老师给我们上课，有时有借书、抄稿等事，常常让我和比我高一班的尹敬坊学长替他办。"①刘乃和先生1939—1943年在辅仁大学历史系读书，尹敬坊作为高一届的学长，1942年与刘乃和同在历史系学习，后为北京师范大学历史学院教授。补写目录和抄写书稿一样，都是

① 刘乃和：《陈垣的励耘书屋》，《文史知识》1995年第2期，第3页。

陈垣先生在引导学生走入问学之途。

《建康实录》为编年体史书，记载了定都建康（今南京）的三国吴、东晋、宋、齐、梁、陈六朝史事。在正史以外广征博引，参考了多已亡佚的典籍《吴书》《吴录》《晋中兴书》《宋略》《三十国春秋》等50余种，订补正史遗阙及讹误。陈垣跋文指出了《建康实录》对于辑录裴子野《宋略》的史料价值。《宋略》是南朝宋史专著，全书已于宋、元散佚，仅散见于唐杜佑《通典》、唐许嵩《建康实录》、宋李昉《文苑英华》以及司马光《资治通鉴》等著述中。清人严可均《全上古三代秦汉三国六朝文》卷五十三《全梁文》辑录了《宋略》中的《总论》《泰始三叛论》《明帝诛诸弟论》《选举论》和《乐志叙》五篇①。

今检《建康实录》，卷十一、十二确实有“裴子野曰”共十六则，皆《全梁文》所未收，卷十四末有《宋略·总论》，这些与陈垣跋文中所言相合②。除此以外，卷十三有《宋略》佚文四条，标以“原案《宋略》”小字夹注，这是陈垣跋文中未提及的。小字夹注，即“注记”，许嵩《建康实录序》云：“嵩述而不作，窃思好古，今质正传，旁采遗文……其有异事别闻，辞不相属，则皆注记，以益见知，使周览而不烦，约而无失者也。”③

陈垣跋文写于民国三十一年（1942），民国二十三年（1934）蒙文通发表于《国立北平图书馆馆刊》的文章《〈宋略〉存于〈建康实录〉考——附〈宋略总论〉校记》，辩驳了王鸣盛《十七史商榷》和《四库提要》所言《建康实录》中刘宋之事皆据《宋略》的说法，考证出十三卷以上从《宋略》、十四卷以下皆从《南史》。和陈垣跋文相同的是，该文同样指出严可均《全梁文》未收《建康实录》所存裴子野论十六事。同时进一步指出《全梁文》仅录《资治通鉴》所引裴子野论十一事中的五事。陈垣跋文中提及的《宋略·总论》，该文直接附录校记，以两种版本的《文苑英华》《梁文纪》《广广文选》《古论玄著》《全梁文》、五种版本的《建康实录》相校勘。如此看来，两位学者在民国时期先

---

① 《宋略总论》辑自《文苑英华》七百五十四，《宋略泰始三叛论》辑自《资治通鉴》一百三十二，又《明帝诛诸弟论》辑自《资治通鉴》一百三十三，《宋略选举论》辑自《通典》十四、十六和《资治通鉴》一百二十八，《宋略乐志叙》辑自《通典》一百四十一。

② 十六则中，其中卷十一引裴论六则，卷十二引裴论十则。

③ （唐）许嵩撰，张忱石点校：《建康实录》，中华书局，1986年，第1页。

后研究了《建康实录》和《宋略》的关系问题。当然,蒙文通先生进一步公开发表了研究成果。

2. 永乐大典,(明)解缙等编,卷2610—2611,南台备要、乌台笔补,民国十五年(1926)江安傅增湘影印本。一册。

卷末护页有民国十六年(1927)陈垣手书跋文:

> 《乌台笔补》十卷,王恽撰,附刻《秋涧大全集》八十三至九十二卷中。今所录者只第一卷且自"主簿例"以下忽夹入碑记五篇。其一为虞集撰《御史台记》,悉《道园学古录》廿二;其二三为马祖常撰《察院题名记》及《殿中司题名记》,见《石田集》八;其四五为许有壬撰《上都分台题名记》,见《至正集》卅六,《陕西诸道行御史台碑》,见《至正集》四十五。后又续录"五使例"数行,其《中书堂事纪》以下,则《秋涧集》八三卷末之文也,与《秋涧集》卷八十之《中堂事记》名相仿而实异,盖编纂时编者随意去取略不经心也。丁卯六月陈垣识。

按:此册《永乐大典》卷末有民国十五年(1926)傅增湘跋文一篇随书影印出版。1960年,傅增湘影印本被收入中华书局汇印本《永乐大典》。1963年,陈垣先生在《北京师范大学学报》(社科版)第一期发表了《书傅藏〈永乐大典〉本〈南台备要〉后》一文。文章就《南台备要》和《乌台笔补》指出了傅增湘影印跋文中失考之处,认为傅跋抬高了此册《永乐大典》的价值。其中《乌台笔补》考论部分,使用了此篇跋文内容,现录出此段以兹对照:

> 傅跋又谓:"《乌台笔补》前有序文,亦失撰人。"不知此序系王恽自撰,见《秋涧集》八三,何谓"亦失撰人"?
>
> 又谓"《乌台笔补》所载例文,并附题名记碑文诸篇,亦他书所未见。"不知诸文散见王恽、虞集、马祖常、许有壬等文集,可以一一考出。如所录《乌台笔补》,自"主簿例"以下,忽夹入碑记五篇,其一篇缺前半,幸有"臣集承诏再拜稽首而言"等字,知为虞集撰《御史台记》,是《道园学古录》廿二;其二三为马祖常撰《察院题名记》及《殿中司题名记》,见《石田集》八;其四五为许有壬撰《上都分台题名记》,见《至正集》卅六,《陕西诸道行御史台碑》,见《至正集》四十五。后又续录"五使例"数行,其《中书堂事纪》以下,则《秋涧集》八三卷末之文也,何谓"亦他书所未见"?
>
> 至谓"所覩《大典》残本,皆丛记琐文,此帙独完然自为一书",

以是称为秘籍。不知《南台备纪》原书二十九卷,此止二卷;《乌台笔补》原书十卷,此止一卷,何谓"完然自为一书"?

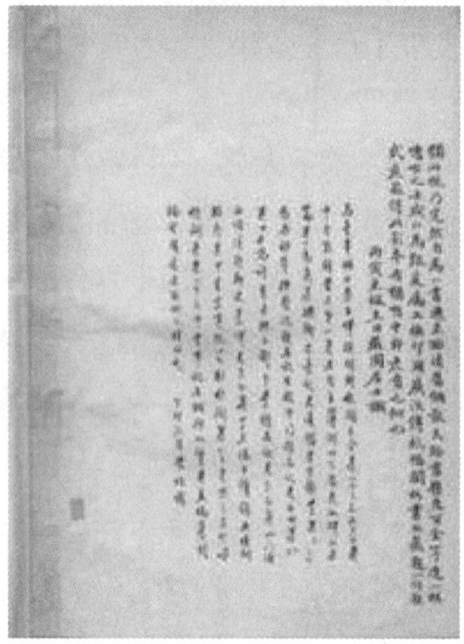

两相对比可以看出,民国时期的这段跋文中已经明确考证出《乌台笔补》的作者、卷数和《永乐大典》辑录部分的出处,佐证了傅跋中的三个失考之处。陈垣先生不仅关注了当时的最新影印出版成果,而且进行了相关研究,研究所得以跋文的形式书于卷末,促成了以后此篇论文的公开发表。

3. 弥撒经典,不分卷,(泰西)利类思译。民国十八年(1929)陈氏励耘书屋抄本。五册。

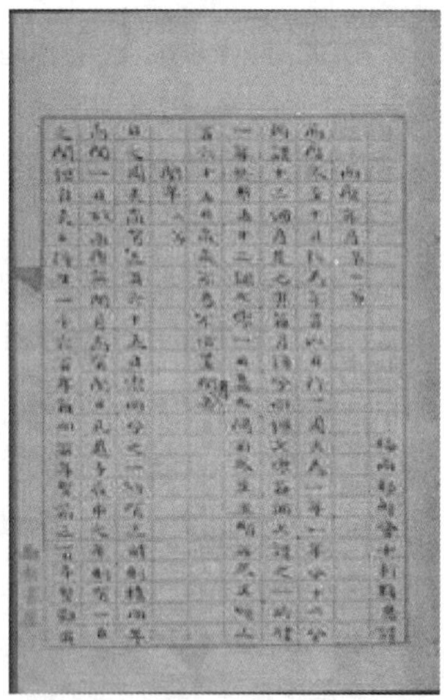

陈垣亲题书名,第五册内封题:"自十七年十二月卅一日起抄,至十八年一月十六日抄毕。"书中有校改之处。第一册书内夹有一张双钩影摹封面。第四册内封书"已校"二字,书内夹有三张抄校手稿,以辅仁大学信函纸抄写,所校内容为本册前三页文字。

4. 司铎日课概要,不分卷,(泰西)利类思译。民国十八年(1929)陈氏励耘书屋抄本。三册。

第一册内封题:"十八年一月十一日抄起,同月卅一日校毕。"书中有校改之处。

按:以上两种抄本皆为基督教典籍,由意大利人利类思(1606—1682)翻译。利类思是耶稣会传教士,清初在中国进行传教活动,汉语造诣极高,为培养中国本土神职人员,译有多部典籍。《弥撒经典》1670年译成,有清康熙九年(1670)刻本。《司铎日课概要》1674年译成,有清康熙十三年(1674)刻本。

民国初年,陈垣先生即开始研究宗教史,涉及范围非常广泛,包括古代

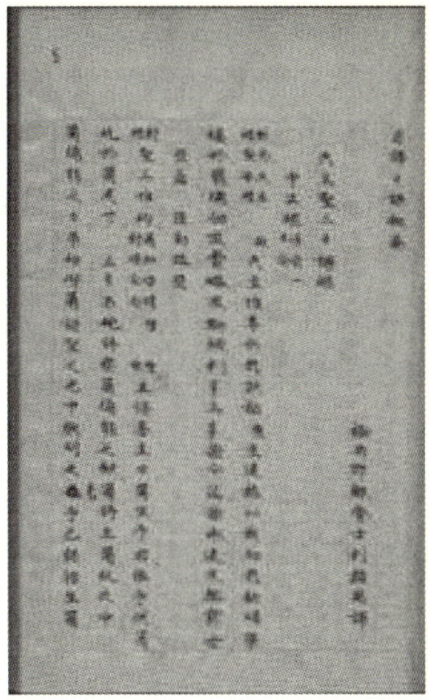

外来宗教、世界三大宗教以及中国本土的道教。1917 年，陈垣先生发愿研究中国基督教史，“丁巳春(1917)，居京师，发愿著《中国基督教史》，于是搜求明季基督教遗籍益亟，更拟仿朱彝尊《经义考》、谢启昆《小学考》之例，为《乾隆基督教录》，以补《四库总目》之阙，未有当也”①。同年五月撰写了第一篇史学论文《元也里可温教考》，研究元代基督教情形。此后有《基督教入华史略》《雍乾间奉天主教之宗室》《从教外典籍见明末清初之天主教》、“基督教人物四传”(金声、李之藻、王征、许缵曾)等论著问世。

这两部励耘书屋抄本应是陈垣先生为研究基督教所置备。作为近代藏书大家，“陈垣藏书多为教书、写书的需要添置，因此他藏书部类多与其科研课题有关。研究天主教史时，存藏了大量基督教史书籍，研究伊斯兰教史，又购置了很多回教史书，佛教、道教资料也都大体完备，有整部的大藏经、续藏经、频伽藏。他也买过道藏，只因有一年为给家人治病，经济困难，不得不忍痛卖掉”②。

这两部书之所以是抄本，当与刻本留存稀少有关。康熙以后，基督教在清朝的传播大不如前，直接影响了相关书籍的刊刻流传。“康雍之间，教案迭起，疆吏奏禁天主教者纷至沓来。加以乾隆三十八年(1773)罗马解散耶稣会，耶稣会士绝迹。所有从前利玛窦等著述，他派会士之不谙汉学者，多疑其中含有异端之道，不甚愿意刊行，而教务遂一蹶不振”③。在陈垣先生所著《基督教入华史》后附录的《明末清初教士译著现存目录》中，“现有刊本通行者”有 72 种，“现无刊本通行者”则有 80 种，附录 5 种。在“现无刊本通行者”中，小字标注“抄本”者有 37 种。这份目录是作者在北京师范大学讲授宗教史时印发的讲义，1930 年 6 月在《青年会季刊》第二卷第二期登载。《弥撒经典》和《司铎日课概要》皆不在此目录名单中，有可能作者授课印发

① 陈垣：《万松野人言善录跋》，载陈垣著，陈智超主编：《陈垣全集》第 2 册，安徽大学出版社，2009 年，第 404 页。

② 刘乃和：《藏书最好的归宿——陈垣书的捐献与徐坊书的散失》，《北京图书馆馆刊》1997 年第 3 期，第 66 页。

③ 陈垣：《基督教入华史略》，载陈垣著，陈智超主编：《陈垣全集》第 2 册，安徽大学出版社，2009 年，第 463 页。

讲义时两书尚未完成抄写工作。

这两部书国内图书馆现存刻本较少，《弥撒经典》国家图书馆现存两部清康熙九年(1670)刻本，《司铎日课概要》国家图书馆现存一部抄本①。通过比对，北京师范大学图书馆所藏《弥撒经典》抄自清康熙九年刻本，北京师范大学图书馆和国家图书馆所藏《司铎日课概要》皆抄自清康熙十三年(1674)刻本。在国家图书馆藏《司铎日课概要》抄本中，首尾部分为清康熙十三年刻本，其余部分为清末民国间红格纸所抄②。

陈垣先生生前藏书捐入国家图书馆，其中励耘书屋抄本有12种13册，并无宗教类抄本。在其学术成就中，宗教史的研究成果比重却很大。因此，北京师范大学图书馆所藏这两部抄本弥足珍贵。

另外，《北京师范大学图书馆古籍善本书目》将《司铎日课概要》著录为《圣事礼典》，书名著录有误③。《圣事礼典》(即《七圣事礼典》)是利类思于清康熙十四年(1675)所译另一部著作。此抄本第一册内封题“圣事礼典·司铎日课”，函套题“圣事礼典”，但是书中抄写内容实为《司铎日课概要》，卷端和目录皆题“司铎日课概要”。卷前“周年各等瞻礼日”是《圣事礼典》和《司铎日课》都有的内容，导致有此著录错误。国家图书馆所藏《司铎日课概要》的“周年各等瞻礼日”为刊刻部分，版心也刻有“圣事礼典目录”，书名仍应著录为《司铎日课概要》。

5. 明实录辽事汇钞，不分卷，民国(1912—1949)陈氏励耘书屋抄本。十六册。

按：此种励耘书屋抄本从《明实录》中辑录了明代辽东政治军事史料。辽东作为明代的东北边防，被列为九边重镇之首。明末辽东女真入侵带来了明清统治的交替，辽事问题关乎有明一代的存亡。明末王在晋《三朝辽事实录》中叙列了从万历四十六年(1618)四月到天启七年(1627)十二月三朝的辽东战事。此《明实录辽事汇钞》则从十三朝实录中辑录了更多政治经济军事史料可供参考，时间上从永乐元年(1403)十月到天启七年八月。

《明实录辽事汇钞》所辑史料按时间顺序逐条胪列，经过与《明实录》比

---

① 据徐宗泽著《明清间耶稣会士译著提要》卷十“徐汇、巴黎、梵谛冈图书目”著录，上海图书馆徐家汇藏书楼藏有《弥撒经典》刻本和抄本、《司铎日课》《司铎日课概要目录》《圣事礼典》等书。

② 首尾部分包括：内封、卷前“周年各等瞻礼日”和卷末“已亡者日课经”。

③ 《北京师范大学图书馆古籍善本书目》著录：“圣事礼典，不分卷，(泰西)利类思译。民国十八年(1929)陈氏励耘书屋抄本，陈垣校并亲题书名。三册，十行二十五字。善3692。”

勘，发现汇抄本并非按照原文全部照录，有些条目为简略抄写，如“三年十月己卯，建州等卫指挥等来朝”条，《明实录·太宗永乐实录卷三十八·永乐三年十月》此条原本为：“己卯……泰宁、朵颜、福余、建州、兀者等卫指挥章乞帖木儿等五十二人，及恺腊儿鞑靼、把秃九山鞑靼、野麻哈等四十五人来朝贡马，赐钞币有差。”[①]有些条目则存在着抄写错误，例如“永乐元年十月辛丑，女真野人头目阿哈出等来朝，设建州卫军民指挥使司，以阿哈出为指挥使，余为千百户、镇抚，赐诰印、冠带、袭衣及钞币有差。设建州经历司，置经历一员”条，经查《明实录·太宗永乐实录卷二十四·永乐元年十一月至闰十一月》，其中“十月”为“十一月”之误，“镇抚”上《明实录》有“所”字，“设建州经历司”《明实录》作“设建州卫经历司”。“十一月甲戌，毛怜等处野人头目把儿逊六十四人来朝，命设毛怜卫，以把儿逊等为指挥、千百户等官”条，经查《明实录·太宗永乐实录卷三十九·永乐三年十一月至十二月》，其中“十一月”为“十二月”之误。

《明实录辽事汇钞》一方面为陈垣先生的史学研究搜集了必备素材，另一方面也推动了对《明实录》中各种史料的辑录整理工作。以新中国成立后公开出版的著作为例，已有《明实录北京史料》《明实录藏族史料》《明实录长城史料》《明实录经济资料选编》《明实录类纂》等20余种专著问世。

① （明）姚广孝等修：《明实录》，北京师范大学图书馆藏民国二十九年（1940）江苏国学图书馆影印本。

来燕榭与松江韩氏藏书的一段因缘

——《前尘梦影新录》书后

李　军

在黄裳先生的各种著作中,《前尘梦影新录》无疑是最特别的一种。相较于《劫余古艳》《惊鸿集》,在撰此书时,不仅藏书不在手边,甚至连题跋亦不及检阅。据其自述称,当时纯"就回忆所得,陆续编写亡书目录,仿徐子晋的旧题,命之为《前尘梦影新录》",同时他也坦承"记忆是不可靠的,内容也记不真切了,所以这只能是一种挂一漏万的回忆录,随手记下一些得书经过,书坊故事,近于随笔"。因此,从记录的准确性看,《新录》似难与《来燕榭书跋》《读书记》《劫余古艳》《惊鸿集》等相颉颃,但由于是离乱后的记忆,故所载无疑是最为深刻和生动的心得。

来燕榭藏书发还后,在整理书跋、读书记之前,书就已经开始逐渐流散。《新录》中所记各书,有《书跋》《读书记》等未录者,若论可贵之处,此即一端。如《新录》卷五《松江韩氏书目提要》一书,黄裳先生记云:

> 稿本五册,得之来青阁。不知出谁何手,所著极详,并序跋都写入之。韩氏书目行世凡二本:一石印本,最简,只条列书名、板刻,后附书影;一封文权本,较详于前本,惟非每书皆记序跋。三本之中,以此为最备。余曾移写一本,别加校定,欲付刊目,未果。韩氏为黄荛圃姻戚,多得士礼居中善本。荛翁身后,奇零之册,扫数归之,秘册不少。
>
> 余于壬辰冬日,曾旅茸城三日,访书于市,无人知韩氏姓名者,为之意沮。殊不意其余芬散馥,尚可见于数年之后也。同得者尚有雍正刻《韩笔酌蠡》、抄本《章子留书》,皆有应陛加墨及藏印。又《读有用书斋杂著》稿本,皆出自其家。

由此可知,恰好在60年前,即1952年的冬天,黄裳先生曾赴松江访书,欲访韩氏藏书,却一无所得,失望而归。不过,他数年后获得了韩氏读有用书斋最后的几种藏书,成就了来燕榭与松江韩氏藏书的一段因缘。

来燕榭所获松江韩氏藏书四种,均是1933年韩氏售书时自留未售者。

《松江韩氏书目提要》《读有用书斋杂著》两种是稿本，一为自藏书目底簿，一为先人手稿（虽然有刻本，但其价值不可轻视）。雍正刻本《韩笔酌蠡》有韩应陛跋，抄本《章子留书》前有民国三十三年（1944）韩绳夫手录黄丕烈“岁逋未了典琴书”一诗。其中，后三种现藏上海图书馆。《韩笔酌蠡》一书黄裳先生所作跋抽出自存，收入《惊鸿集》中，其文云：

> 数日前，余于静安寺汪估许买得此书，康熙桃花纸写稿本八册，以为未经刊刻之书也。今日乃更收此于来青阁，是不可不谓之书缘也。此为韩绿卿批本，系其后人所售，同得者尚有《读有用书斋杂著》稿本二卷。云尚有他种批本书在松江，当陆续取出。又云黄跋诸种，早已售去，今只友人处尚有数种，亦允写一目来。余前岁曾过松江访书，无一佳本，以韩氏藏书询书估，皆瞠目不知所答。今乃于两年以后获其家集数种，虽其书非有用者，其手迹则足存也。余前岁收山阴祁氏书，今春更收松陵许玄祐家书，今更得此，皆有嘉趣。漫为记之卷首，时作苏游之前。乙未三月十七日，黄裳记。

乙未是1955年，距茸城访书已两年有余，此条所述，无疑可与《新录》那条两相印证。

《松江韩氏书目提要》稿本今藏南京图书馆，题作《读有用书斋藏书志》，不分卷，无编者姓名及序跋。全书五册，写于无格黄竹纸上。书中有“韩绳夫一名熙字价藩读书印”白文长方印、“百耐读过”白文方印及“来燕榭珍藏书籍印记”朱文方印等。前有黄裳先生题记二条，不见于《来燕榭读书记》等书中，兹移录如下，其一云：

> 此《读有用书斋藏书志》原稿本五册，有韩绳夫印记，当写成于光宣之际，不知出谁何之手。所记殊详尽，而韩氏数刊书目，皆未以此为底本，则大不可能事也。卷中有朱笔校改，“韩绿卿”均改为“先大父”，是出绳夫手无疑。更有“百耐读过”印，则当时挟韩氏书入市之邹百耐也。韩氏后人挟来海上，余辗转得之来青阁中，遂重装藏之。韩氏书目凡三刻，石印之附书影者最常见，校印粗疏，最不足观。嘉靖许宗鲁刻《国语》，则以之充宋元之际所刻本，可笑类此。又有石印小册，写颇精，亦较备。又松江封氏所刊，往往附黄荛翁、曹君直跋，实最备本，然较此仍不及也。绿卿于荛圃为姻娅，滂喜园劫余所得最富。书散于数十年前，适园张氏得其强半，今皆归域外，不可见矣。余收书晚，所藏韩氏书仅数种，今乃得此底簿，

亦可喜事也。

所谓有人将稿本中之“韩绿卿”均改为“先大父”者，乃读有用书斋第三代主人韩德均。如稿本中，宋刻《诸儒校正西汉详节》《东汉详节》两种上有“德均审定”白文方印，殆此二条书目重出，韩德均作记号拟删去。其二云：

> 松江韩氏书目行世凡三本，余皆有之，详略各异。取校此本，漏略甚多，盖此为当日书目提要底册也。朱墨杂下，移录藏记跋文甚详，足资考证。此本出韩绳夫手，绿卿孙也。其后人挟来沪上，售之来青阁，余先后得绿卿手校本二种于此肆，云尚有他书。今果得此，亦大可喜。颇冀黄跋数种，更继此而出也。此目所藏诸种散归各处，在潘氏宝礼堂者如宋本《三国志》，余曾见之。其归适园诸种，后归中央图书馆，为蒋贼挟去台湾，今且转赴异域。留此目在，犹能见原书面貌，亦大可庆幸矣。跋此不禁慨然。乙未四月初十灯下记于来燕榭中，小燕书。

从时间上看，此稿本五册距获《韩笔酌蠡》仅20余日，可视为同一时段所得。不过，需要注意的是，黄裳先生以韩绳夫为应陛之孙，又以《藏书志》出绳夫手，似并不准确。考韩氏世系，韩绳夫为韩德均长子，韩德均系韩应陛嗣孙，则韩绳夫应是韩应陛曾孙，详见笔者撰《松江读有用书斋韩氏家世考》。黄裳先生的第二条跋语，对第一条中“书散于数十年前，适园张氏得其强半，今皆归域外”作了解释。1933年底韩氏售书时，张乃熊、张葱玉叔侄曾分别购得数十种。1940年以后，二张所藏善本，由郑振铎等为中央图书馆收购，1949年“央图”迁台，书俱渡海而去，因此也就有了跋中“为蒋贼挟去台湾，今且转赴异域”一说。

黄裳先生在对《读有用斋藏书志》稿本作介绍的同时，牵涉到韩氏已刊书目版本，称“书目凡三刻”，但就笔者所见，似不止三种：

一、《云间韩氏藏书目》，石印本。每半页10行，每行字数不等。四周双边，单鱼尾。收书凡481种，后并附宋元本书影31种。此目收书次序、附注内容与王欣夫传抄所据之本略同，字迹不甚工，似为坊间印本。又有仅以此本书目部分行世者，名称不一，其书影亦有以《云间韩氏书影》等名单行者。

二、《读有用书斋古籍目录》（附《藏书记》十一篇），石印本，开本较小。每半页13行，行19字，有界栏。左右双边，线口，无鱼尾。书目凡31页，收书477种。后“附吴县曹君直先生（元忠）所著藏书记得十一篇（书已见前）”，始自宋刊本《后汉书》，止于旧抄本《淮海居士长短句》。字迹工整，一丝不苟。

三、《松江韩氏珍藏古书目录》，石印本。行款同前书，无界栏，写印颇精，收书477种，仅有书目31页，末不附藏书记。

四、《读有用书斋古籍目》，石印本。每半页13行，行19字，无界栏。凡31页，收书477种，与《松江韩氏珍藏书目》绝似，惟首页首行空白，无“经部”二字，字迹与前者亦略异。

此外，尚有封文权编订《韩氏读有用书斋书目》一卷，民国二十三年（1934）瑞安陈氏褢殷堂铅印本。每半页10行，行20字。左右双边，白口，单鱼尾。前有民国二十一年（1932）封文权序云：

> 甲寅、乙卯间，吴门曹君直阁读元忠馆其家，曾为之董理而未竟也。旧存目录一册，讹脱凌杂，钞胥所为，阁读校语，仅于遗集中录出数则，爰重加编订。原书不获见，遗漏尚多，前贤题识亦付阙如，以待续补。

此目收书凡477种，除详记各书行款、批校人姓名外，并附录黄丕烈、曹元忠等人题跋。又，上海图书馆收藏石印本《读有用书斋古籍目录》一种，曾经封氏以朱墨二色笔涂改，首页栏外有“读有用书斋书目”朱笔一行及“华亭封文权编次”墨笔一行，书前副页有朱笔开列四部类名。铅印本韩氏书目仅分四部，至封文权重加编次，始见条理，铅印本仅有四部之名，隐藏其类属名。兹录封氏所列部类名如下：

> 经部分易、书、诗、周礼、仪礼、礼记、乐、春秋、左传、公羊传、谷梁传、胡传、孝经、论语、孟子、四书、尔雅、小学、诸经总义；
>
> 史部分正史、编年、纪事本末、别史、杂史、诏令、奏议、传记、载记、史钞、地理、职官、政书、谱牒、目录、史评；
>
> 子部分儒家、兵家、法家、名家、墨家、纵横家、杂家、小说家、农家、医家、天文历算、术数、艺术、谱录、时令、类书、释家、道家；
>
> 集部分别集、总集、诗文评。

以上各类顺序，大抵参照《四库总目》，而视藏书的实际情况略作变化。每类之中，又以时代先后为序，其前后参差不齐者，封文权以朱墨二色笔标其部类于天头，列其时代、作者于地脚，铅印底本即据此录出也。书目正文、附注颇多以朱笔勾乙增删处，如《李氏易传》一条下“雅雨堂”前加“卢见曾”三字，将“註”字改“注”等，皆与铅印本所著录文字同。书中收书附题记者凡19种，始于《大易粹言》。惟《读有用书斋古籍目录》中11种皆见于此本，且原跋文中之“□”，铅印本皆仍之，殆此石印本即封文权重编所用之底本。铅印本《韩氏读有用书斋书目》与石印本《读有用书斋古籍目录》《松江韩氏珍藏古书目录》《读有用书斋古籍目》应是同一书目之不同印本，各目次序各项虽偶有不同，但其收书总数都是477种。

从黄裳先生所作《读有用书斋藏书志》《韩笔酌蠡》题记可知，他在收获山阴祁氏藏书之后，曾一度赴松江搜访韩氏读有用书斋藏书，虽然1952年冬未有所得，扫兴而归，但1955年在来青阁连续购得四种韩氏旧藏，尤其遇到记录韩氏藏书菁华的《读有用书斋藏书志》，此前的郁闷随之一扫而空。

虽然上海图书馆藏有《云间韩氏藏书题识汇录》稿本四册，乃经理韩氏售书事宜的苏州书估邹百耐所辑，但是其收书数量仍少于《读有用书斋藏书志》，部分内容从《藏书志》直接抄录而未加注明，所以《藏书志》稿本的价值并未因此而贬损。对《藏书志》归藏南京图书馆经过，笔者曾咨询当时的经手人沈燮元先生，据称此系从来燕榭收购。当时所收一批明清本子中，除《藏书志》稿本外，尚有黄丕烈家的族谱稿本。这也就不难解释，黄裳先生在《新录》和《藏书志》题跋中，都提及韩应陛与黄丕烈有姻亲关系。

来燕榭中所藏松江韩氏书四种均于黄裳先生生前散出，分归南京图书馆、上海图书馆，家中所余，仅题跋一页而已，如无《前尘梦影新录》相关记录，恐很难追根溯源，还原这一段往事。

新见孙连仲回忆录手稿及其文献价值述略

许京生

国家图书馆档案室收藏有1919—1949年间的历史档案1034件,2244页,其中大部分是图书馆行政文书、业务档案,有少部分是接收自国民政府的文献资料,其中不乏珍贵文献。2014年抗战胜利69周年纪念日来临之际,笔者在整理国家图书馆藏档案时发现编号为1959-058-综合6-001的档案,实为民国将领孙连仲的手稿。现略述如下,以飨学林。

一、孙连仲其人

孙连仲1893年生于河北省雄县龙湾村,乳名席儒,后改名连仲,字仿鲁。孙父在其4岁时去世,一家人的生活全靠母亲和哥哥操持。1913年,孙连仲在未征得母亲同意的情况下,私自到县城应募,怀着报效国家的思想参加了北洋军阀部队,曾亲历反对张勋复辟、两次直奉大战、北伐战争、中原大战等重要事件。抗战开始后,孙连仲参加了武汉会战、豫南会战、石牌会战、常德会战等大小战役30余次,并因战功卓著,屡得升迁,先后任第二集团军总司令,第一、第五战区副总司令,第十一战区司令,国民党二级上将等要职。

1945年10月10日,时任国民党第十一战区司令兼河北省政府主席的孙连仲作为平津区受降主官,在故宫太和殿接受日本投降。1948年春,孙连仲调任南京政府卫戍总司令,后改任总统府上将参军长。1949年蒋介石辞职,孙随即辞职,并随蒋去台湾,任"总统府"战略顾问委员会上将委员、"总统府"顾问,1990年于台湾去世。

孙连仲反对张勋复辟,严于治军,爱护百姓,坚决抗日,这些人物特性在手稿中均得到体现。

二、孙连仲手稿概况及来源

（一）手稿作者的判定

此次发现的手稿原无题名，亦无署名，正文大部分用毛笔写于红栏信笺上，小部分写于普通白纸。稿件圈改批注较多，一些批注反映了作者当时的思想状况。手稿篇幅不长，共计257页，没有章节和序号，但有大标题和小标题。大标题以浮签形式夹在相应位置，共有35个，如"调升正目""初次识冯""马厂誓师""常德练兵""参加第一次直奉战争""西安解围""兼摄甘政""中原大战""西安事变与庐山训练团""北上抗日"等；小标题共计74个，如："第一次见冯""泸州之战""张勋复辟""总理组军政府""冯任湘西镇守使""北上识于季龙""首都革命""余主杀溥仪""炮旅之训练""兵权被消""火车出险""攻克凉州""俘欧阳师长"等。文字表述平实明白。

1962年，为庆贺孙连仲70岁寿诞，其友人吴延环①编辑了纪念册《孙连仲回忆录》，同年在台湾出版。笔者将手稿与该书内容进行比对，国家图书馆藏手稿内容与孙连仲生平事迹相吻合，全文以第一人称写成，属自传体裁。因此推定为孙连仲所著，为孙氏回忆录手稿。

（二）孙连仲手稿概况

孙连仲手稿从1912年作者离家进城应募，一直写到北上抗日结束。民国30余年间发生的重大历史事件均有记述，如袁世凯称帝、张勋复辟、两次直奉大战、北伐战争、国民党对江西红军的"围剿"、西安事变等。手稿涉及人物众多，民国重要历史人物在手稿中均有所涉及，对研究民国历史和抗战史具有重要的史料价值。

这部手稿未及出版，孙连仲就调职南京，一年后孙即随蒋介石赴台。手稿中没有明确写作时间，从稿件内容上看，从投军写到抗战，有的写于红栏信笺，有的写于普通白纸，有许多修改之处，并非写于一时一地。手稿大约写于1945年10月到1947年12月期间，这一时期，孙连仲先任河北省政府主席，后因第十一战区取消，改任保定绥靖公署主任，直至改任国民党政府卫戍区总司令，离京南下。此时抗战胜利，内战又起，他无心主政，极有可能

① 吴延环（1910—1998），河北省宛平县人。1939—1945年任河北省政府委员，国民党河北省党部书记长。曾任《中央日报》主笔。1946年当选"制宪国大"代表，1948年当选立法委员。去台后曾任"立法院"程序委员会召集委员。1989年辞去"立委"职务，后被聘为"总统府"顾问。1988年7月起被聘为第十三、十四届"中央"评议委员。1998年2月9日在台北病逝。

利用闲暇时间写作回忆录。与本件手稿同时发现的孙连仲著《第十一战区与八年抗战》等文章也是这一时期完成的。

（三）孙连仲手稿的来源

此次发现的孙连仲手稿隐没于国家图书馆档案中长达60余年，该手稿与图书馆业务、图书馆事业并无关系，是如何进入国家图书馆档案系统的呢？手稿入藏渠道主要有两种：一是捐赠，二是新中国成立初期接收的旧政权档案资料。国家图书馆在京师图书馆时期就建立了捐赠制度，有完备的相关规定和接收手续，但现存档案中并未发现任何有关接收孙连仲手稿的手续和文字资料，因此孙连仲手稿不太可能来自捐赠，而极有可能来自旧政权档案资料。

新中国成立初期，当时的北平图书馆曾接受一批国民政府的档案资料，其中包括敌伪档案、外交档案、文物档案。经检查后，有明确归属的档案移交给有关部门，归属不明确的暂时封存。"现存的旧档案，因接收时系与大批图书混在一起交接的，多年来限于空间和人手，一直原封未动与许多图书借地存放，未有整理"①，直到1960—1961年，才集中部分人力将暂存的档案作进一步整理，从中选择了一些有价值的资料立卷归档②。抗战胜利后，孙连仲任河北省政府主席、保定绥靖公署主任，办公地点分别在北平和保定，1947年调南京任职，匆忙之中或有可能将手稿等个人文件遗留在办公地点，混杂于旧政权文献资料中，后被政府接受并移送北平图书馆收藏。孙连仲手稿没有署名，又不是行政公文，属于归属不明确的文字资料，所以未经移交，后由图书馆整理归档，根据其内容及性质，归入国家图书馆档案综合卷中。

三、孙连仲手稿的文献价值

孙连仲一生主要是在军旅中度过，手稿中有大量部队生活和有关战争的记述，对于民国期间重大战役几乎都有记述。部队南征北战也使他有机会目睹下层劳动人民的生活，手稿在一定程度上反映了民国的社会生活，具有一定的文献研究价值。

（一）民国社会生活的缩影

1913年孙连仲20岁，他怀着从军救国的思想，在未征得母亲同意的情

① 国家图书馆档案1956-235-026-1-002报送文化部办公厅（56）办字第1598号《关于调查统计旧政权时期档案的报告》。

② 国家图书馆档案1964-239-026-5-001《关于销毁解放前废卷的报告》。

况下,私自参加了当时的北洋军部队,随第二镇二团,向保定出发。他在"赴保定途中所见"中写道:"余终得随队出发,但沿途所见却给头上泼了一桶冷水,全队新兵一百余人,多半均像流氓,头上扎着包头,纽扣也不扣,敞着胸膛,唱着窑调,满嘴污秽之词,行动卑劣龌龊,看了此种情形,悲痛万分,心想:'这些人就是我的同伍呀,我将整年整月和他们一同吃饭,一同睡觉,一同生活,而且也和他们一同救国呀!'余一面走,一面低头默想。"1913年"二次革命"时,他随队驻扎武汉,"那些老兵见百姓逃难就放胆搜取民间财物,官长也采取放任态度,因此养成坏习惯,军纪日渐废弛"这是他对当时军阀部队的最初认识。

1915年春,部队由宝鸡开往汉中,当地买卖人口之风盛行,"十岁之女即可出卖,或给人作丫头,或辗转为娼,每岁银子一两,二十岁整二十两,炮兵营军需买一女孩,一手交钱,一手交人,小孩扯住其母不放,那妇人拍的打她一耳光,转脸走了,那情况,真是凄惨"。真实地记述了民国初年劳动人民的悲惨境遇。

(二)孙连仲的战略与治军思想

孙连仲一生主要是在军旅中度过,军职从正目(班长)到将军,手稿中有许多对军旅生活的记述。

1922年第一次直奉战争时,孙连仲率部队在北京郊区大灰厂村与奉军作战,"敌二十余门炮列阵未放,队伍立即布置开,余选一凹地作为炮兵阵地,并关照旅长向右翼躲开,因知我一开炮,敌必还炮故也。第一炮定为三千八百米,未射中,敌炮兵正睡觉,忽被惊起,群向炮集合,转移炮口向我还击数百炮,敌炮多,我炮少,但我阵地较凹,故丝毫未受损失。敌步兵一团人,由村中蜂拥而出,向我开来,余即指挥炮兵转而射击敌步兵,敌大乱像风卷落叶一般,一回头退入村中不见了,敌炮兵见步兵一退,慌忙驾马而逃,我步兵追击适遇由前线退回之敌,截获甚多,缴获敌枪八百……"孙连仲善于治军,民国初年军阀混战,军队消耗极大,军费浩繁,而公费仅占四分之一,粮饷不足。他升任炮兵营长后,提倡生产,命令部队"利用余暇从事生产,本营有上海人,善制纽扣,乃令其开工制造,继又设织布、铁工各项,均用小规模机器,但对训练仍不稍懈,除正式操课外,并设图书馆,供各官佐暇时阅读,以资深造。有基督教会马伯元先生恰参观本营后发表其感想如下:'中国所有各阶级社会,自高级以至监狱、叫花子,我都详加研究,至于军队看得更多了,所有军队不过是枪呀炮呀的,军队而已,惟炮一营不同,有机器从事生产,有学校,有图书馆设置,有如学校,营长桌上满陈书籍,甚至有哲学史一类高深作品。这是一个学校化、工厂化的军队'"。

（三）对重大历史事件的记述

1. 张勋复辟

安徽督军张勋利用黎元洪与段祺瑞的矛盾，1917 年 6 月 14 日带辫子军进京，拥立溥仪，改年号为宣统九年。“张勋复辟，北京又挂上龙旗，眼见着大辫子兵一列车一列车开往北京”。张勋复辟事件发生时，孙连仲任一连连长，他召集官兵讲话：“一、要革命就得流血，二、现在政治已经倒退了，还能再给我们按上小辫子吗？三、像这样开倒车，必招致亡国之祸……”“张勋的军队称为‘定武军’，一与接火就狼狈逃窜，帽子号褂全都扔掉了。打了一天仗，敌人退了，我们还没吃饭，余掏出 3 元，买了点小米，煮了一顿粥，就算吃了一天的饭，追到先农坛，向天坛附近放了三炮，就见对方打出白旗来，这样不中用的军队居然还敢做反革命复辟，岂非自己找死，缴械后，三千人装一列车，就像装罐头沙丁鱼那样硬塞进去，把他们遣散了。”这些内容真实反映了孙连仲对复辟的认识。

2. “围剿”江西红军

孙连仲身为国民党将领，也曾奉国民党政府的命令，对红军进行“围剿”，手稿中对此也多有记载。“二十年春（1931 年）部队至江西，以水土气候不宜，官兵皆病，甚至全连无一健康人可站岗，每日病死以数计，士气极坏……”孙连仲去南京请求调回北方，蒋介石不允，让孙速回赣整训，将部队整编为两个师。此后，高树勋[①]部被红军全歼，高本人被蒋介石撤职查办。“部队屡次失败，愧无以对委座，且人员减少，枪械不充，如仍维持原状，担心不安……”孙连仲又请将部队缩编为一个师，蒋介石照准。

四、孙连仲的执政思想和对侵略者的态度

孙连仲手稿还反映了作者对底层劳动人民的同情，处处渗透着治军不扰民、执政为民的思想以及对日本侵略者的态度。

（一）治军与施政理念

1917 年护法战争期间，孙连仲任炮兵营营长，驻扎在常德，“居民对于马

---

① 高树勋（1898—1972），著名爱国将领，河北省沧州市盐山县人。在参加国民党军队对苏区的“围剿”中，开始认识中国共产党，毅然脱离国民党军队，到天津寓居。抗战胜利后任新八军军长、第十一战区副司令长官。1945 年 10 月率部在邯郸前线起义，1946 年加入中国共产党。新中国成立以后，当选为全国政协委员，国防委员会委员，第一、第二、第三届全国人大代表，民革中央委员、河北省民革副主委，并长期担任河北省副省长职务。

粪尤为讨厌,每日由驻地文庙赴河饮马,须经过大街,乃思得一法,每隔数马设一马夫持扫帚簸箕随之,马一粪便立即扫除,四百余匹马经过后,不见有粪,故一时常德有'炮兵营马不拉屎之笑谈'"。"常德多水田,道路狭窄,不宜于训练马匹,乃令每日将马匹牵到城墙上跑三圈"。

1922 年直奉战争时,孙连仲所在炮兵营在京津地区与奉军作战。一次在天津芦台驻扎时"没有带帐篷,又不肯住民房,就住一猪圈内"并在这个猪圈内接到电令升为炮兵团长。

1925 年秋,冯玉祥成立骑兵师,俄国顾问推荐孙连仲任师长。孙连仲部从北京向承德撤退,途中"百姓摆香案跪迎,俄顾问伸大拇指谓如此良好部队,受人民欢迎与苏联红军在其国内无异","骑兵最易损害人民,而本师则纪律严明,秋毫无犯,在某地时,某连长付百姓草料钱,民众坚不收,连长将钱掷地下而去,该地以前经过军队,向未如此,故民众将钱送至某会长,会长又来见余,余令其收受,并力言本军纪律理应如此,会长称谢而去"。这些军纪措施体现了孙连仲对待百姓的态度。

1927 年北伐期间,孙连仲率第十路军援助南阳"途经龙驹寨、荆紫关、浙川,先由宣传队灌输革命思想,创立农民协会,召开军民大会,继则发动军队帮助民众耕作与收割,人民欢迎之极,均谓未曾见过如此军队,纷纷送粮送草,地方之红枪会亦协助军队,军行所致革命势力即蓬勃而兴"。

1936 年,孙连仲的部队调防苏北,"军纪良好不拉夫,不扰民,损坏民间物品照价赔偿"。鄂北灾情甚重,孙连仲令部队放赈济灾民,军队放赈,这在当时的军队里实属罕见。

民国初年军阀混战,孙连仲从班长、连长升至营长、团长、旅长、师长,所率部队败少胜多,这与他军纪严明,爱护百姓不无关系。

1928 年 9 月,民国政府设立青海省政府,任命孙连仲为政府主席。10 月在西宁举行盛大典礼大会。主政后推行多项新政:首先,在青海"设立番民学校,以古浪仓为校长,启迪民智","为消除回汉隔阂,设立回教促进会,调各寺阿訇轮流受训,授以普通知识,期满后给毕业文凭,与教师委任状……并发薪水,以安其心,又派政治人员下乡,携带留声机下乡宣传,借以启迪民治"。其次,"减免税收,食盐由回首包办,收回官营,发展羊毛、羊皮业,教民垦荒"。再次,提出"首次开发青海,而发展交通,为开发之首要,乃修筑西宁兰州间公路,开掘西宁至西藏间大路。在罗家滩造林 5 万亩,并欲开渠灌田,亦以调职未果"。

1929 年孙连仲调职甘肃,在青海主政仅一年,政绩颇佳,促进了当地的民族团结和社会的进步。

（二）对日本侵略者的态度

“七七事变”爆发前，孙连仲在庐山参加蒋介石的庐山暑期训练团，任团副兼第一总队队长，培训“剿共”和抗日干部。事变爆发后奉命北上抗日。“本部为首先奉令之参战部队，星夜赶回，当电令各师不待余回防即行开拔……”

孙连仲率领所部从汉口乘车北上，7月18日抵达保定，指挥部设在育德中学。“平津沦陷后，二十九军南退，本路星夜由保定北调，与敌遇于琉璃河、房山一带，展开激烈战斗，我军奋勇杀敌，以一当十，将野外之高粱均编织成纵横之篱，以阻塞敌骑兵活动，有一士兵藏于石桥下，待敌坦克经过时以手榴弹将其炸毁”，士兵步兵用排枪击落敌机，敌机坠毁在日军阵地，“我军派人夜入敌阵，割其机翼之日徽而归”等，并记载了破获日本在保定经营了30多年的间谍组织等事件。

孙连仲所部三十一师在平顶山战事尤烈，“第一日一团守一山顶，被敌大炮轰击，死伤殆尽，次日派两营又尽，第三日派一营，最后派一排即可。因士气旺而经验差，不能沉着应战，故有许多无谓牺牲耳。后敌在右翼冯战海部防地强渡过河，直逼平汉路，我乃退至涿州，并予敌重创。前后计战四十余日，获战利品无数……”孙连仲撤出河北后，在晋东旧关与敌遭遇，旧关地处太行山中段，又名故关，史称井陉关，位于晋冀咽喉和通京大道，是著名的险关要隘，更是兵家必争之地，此役“激战四十余日，敌十七、十八连队被我消灭殆尽，连队长鲤登少将亦被击毙，获战利品无数，并送洛阳展览”。之后，又率部参加了武汉会战和台儿庄战役。

1938年1月津浦线战事紧急，孙连仲奉命由山西临汾调至台儿庄驻防，日寇“计板垣、矶谷两师团，重炮队24，山野炮百余门，战车50余辆，飞机多架，化学兵一队，实力极雄厚，我仅有三师一旅，重炮三门，野炮十门，战事防御炮三门，我三十一师守台儿庄及车站正面，二十七师独立44旅在外围作运动战。三十师为预备队，后亦全部参战。台儿庄被敌攻入，乃发生巷战，断壁残垣悉成堡垒，一室一屋均成敌我争夺之目标，战事之惨烈，真可以惊天地而泣鬼”。

战役从3月初开始到4月初结束，共歼敌板垣、矶谷两师团3万余人，开创了抗战以来的一次空前胜利。抗击日本侵略者是孙连仲军旅生的主要功绩。

五、孙连仲手稿与台湾版《孙连仲回忆录》的差异

1962年孙连仲七十大寿时，台湾出版了《孙连仲回忆录》一书，该书共有三部分：第一部分是孙连仲个人以及与台湾政要的合影照片，第二部分是回忆录，第三部分是旧友撰写的孙连仲轶事。其中最主要的部分就是孙连仲口述、陈鉴波[①]记录的5万余字的回忆录。

与台湾版回忆录相比，国家图书馆新发现孙连仲手稿中的一些内容台版回忆录中没有记载，或者虽有提及，但记载不如国图版详细，比如手稿对一些战争、部队训练的记述。

（一）结识冯玉祥

孙连仲是冯玉祥的老部下，手稿记述了他与冯相识的经过。1914年3月，陆朗斋成立炮兵营，孙连仲在炮兵营随陆驻扎保定，而冯驻扎在陕西。孙连仲"不久随陆朗斋往陕，至渑池下车，时陇海路方建至此，抵西安后驻雁塔寺，编为第16混成旅，冯先生前来训话，此余第一次见冯也"。后来第16混成旅到宝鸡，冯玉祥到部队视察"冯先生亲自拷问正目的功课，余对答如流冯十分夸奖，此时起，冯就认识余，而且器重余"。由此可见，孙连仲与冯的相识是在1914年三四月间，第16混成旅到达宝鸡之后。

（二）部队的训练

孙连仲很重视部队的训练，手稿多次提及部队的训练问题。他对第16混成旅的训练大加赞誉："本旅的训练方法比第二镇尤佳，军纪严明，训练认真，提倡士兵读书识字，尤为特色，须准备多少小册子供士兵阅读，如军纪精神，道德精神，射击精神等，所唱之歌除培养德性，激励志气外，尚有寓训练作战，技能于其中，如军歌，夜间战斗歌等"，"彼时，余对中国一般军队的教育认为重技术训练而忽精神教育，并向其介绍16混成旅之教育方法，如对于操典，由中级军官开会研究，共同决定，使其适合实际，对于精神训练注意于爱国爱民思想之养成，有'非役人乃役于人'的口号"，"对于官兵亦加以训练，官长除必需各种学术科外，并补习文学及外国语等。"

（三）冯玉祥被撤职与十三太保拥冯

1916年，第16混成旅出川由汉口北上，调往河北廊坊后，陈二南"向中

---

① 陈鉴波，河北安平人，生于1911年，毕业于北平朝阳大学法律系。1945年任国民党津浦铁路特别党部委员会委员暨书记长。1947年11月当选为国民大会代表。1949年8月任行政院总体战执行委员会委员。同年去台湾，仍为"国民大会"代表。先后担任台北中兴大学法商学院、"中国文化学院"、政治作战学校教授。

央密告，冯为人如何毒辣，中央本对冯甚猜忌，经陈一告，遂将冯之旅长撤职，派第一团团长杨雄堂接替，全旅官长闻之大哗”，“我们十三个连长——孙良诚、张维玺、石友三、韩复榘、谷良友、韩占元、闻成烈、韩多峰……及少校团副宋哲元，在冯先生的养鸡场开秘密会议，吃着炒鸡蛋，开着会，会议决定通电反对，指责中央待人不公，必要时打到北京去，会后找旅参谋长邱砚亲自起草电稿，邱向冯报告，冯说‘这样胡闹不是要我的命吗？’最后我们决定打电挽留，中央乃发表冯为直隶巡防司令。”

通过这一事件，冯对孙等13个连长特别重用，由此形成了跟随冯玉祥东征西讨的十三太保。孙的手稿中只开列了包括自己在内的9个连长的姓名。

（四）对北京政变的记述

1924年，孙连仲升任独立旅旅长，在古北口驻扎，时值第二次直奉战争期间。10月23日，冯玉祥、胡景翼、孙岳等人发动“北京政变”推翻直系贿选总统曹锟，占领了北京。在手稿中，孙氏称此次政变为“首都革命”。从伪装进城到夜入总统府，软禁曹锟到逮捕王克敏、李彦清与曹锐，手稿都有详细记载：“冯与胡景翼、孙禹行（孙岳）联合召开会议于滦州，班师回京，举行首都革命。而先头进京部队，有的装作路过，有的藏于麦车中，城内原有一团与之会合。夜入总统府见人就提，将曹锟软禁起来，实行所谓‘清君侧运动’。”

孙氏的“首都革命”未能挽救直军失败的命运。10月28日，奉军张宗昌部攻占滦州，截断了榆关直军的退路和榆关、天津之间的交通线，直军纷纷溃退。31日，奉军占领了榆关和秦皇岛，缴获直军的枪支达3万余件，直军主力丧失殆尽。

不过，孙连仲手稿对抗战的记录不及台版《回忆录》全面，手稿只记述了台儿庄战役和武汉保卫战，而《回忆录》除这两次战役外，还记述了豫南会战、石牌会战和常德会战。另外，手稿与《回忆录》对事件、人名等也有记述不相同之处。

六、结　语

就目前学术界的研究情况看，对国民党将领的研究还有待深入，包括生平事迹、治军、治政思想以及战略战术的研究。究其原因，主要是文献和史料的占有不足，在一定程度上限制了研究的深入开展。孙连仲手稿的发现，弥补了这一不足，或者说是做了重要补充。手稿中对众多国民党将领和历史事件的记述，将为我们研究和揭开一些历史迷雾，提供较有力的佐证。因此，新发现的孙氏手稿，为我们研究民国历史和抗战史以及红军战史都具有重要的史料价值。

参考文献

[1]国家图书馆档案 1959-058-综合 6-001。

[2]孙仿鲁先生古稀华诞筹备委员会编:《孙连仲回忆录》,孙仿鲁先生古稀华诞筹备委员会,1962 年。

[3]刘国铭:《中国国民党百年人物全书》,团结出版社,2005 年。

曾国荃致李用清书札七通辑释*

谢冬荣

曾国荃(1824—1890),字沅圃,湖南湘乡人,历任浙江、湖北、山西巡抚,两广、两江总督等职。李用清(1829—1898),字澄斋,号菊圃,山西平定州人,同治四年(1865)进士,曾任惠州知府、贵西兵备道、贵州布政使,先后署理贵州巡抚、陕西布政使,晚年讲学山西晋阳书院。光绪三年(1877)、四年(1878),山西、河南等地发生大灾荒,史称"丁戊奇荒""晋豫奇荒""晋豫大饥"。曾、李二人的交往主要在这段时间,当时曾国荃为山西巡抚,李用清以记名御史身份被奏调山西襄办赈荒。

《曾国荃全集》收录致李用清书札四通:光绪四年两通(一通时间为十二月,另一通未注明时间)、光绪五年(1879)一通(时间在"春")、光绪十二年(1886)一通。国家图书馆古籍馆藏有一部稿本《五知堂函牍》,主要是李用清友朋书札,内有曾国荃撰写的书札九通。在这九通中,有两通已经收录在《曾国荃集》中,即光绪四年的两通,书札的末尾署有具体时间,分别是"十二月廿五日""十二月初三日",对于进一步考证书札的撰写时间不无帮助。另有七通没有收录。就其内容而言,主要是有关山西赈灾事宜。现一并整理,略加注释,以供学者参考。

第一通

菊圃仁兄世大人阁下:

顷诵华翰,欣悉台旌已于初六日出都。晤教在即,快慰莫名。敬惟梅驿风清,迓福星于一路;萱闱日爱,荷湛于九重。翘企枵晖,

* 此为国家社科基金重大项目"国家图书馆藏未刊稿整理与研究"(批准号:13&ZD107)的阶段性成果。

良殷藻颂。弟谬膺重寄，深虑颠踣，幸蒙执事梓谊关怀，惠然命驾。岂独鄙人之幸，实三晋亿万生灵之福。所有赈捐事宜，鹄俟驺从抵省时面聆教言。丹初先生已至运城，南路赈务已有头绪。惟日盼台旆之早临耳。谨以奉闻。前寄川赀百金，方愧輶亵。乃蒙掷还，弥增惭汗。复颂勋绥，即希朗照。世愚弟曾国荃顿首。

按：此通书札撰于光绪三年（1877）十一月。光绪三年九月，前工部侍郎阎敬铭（字丹初）受命稽查山西赈务，“务当迅速启程，周历灾区，认真查核，不得稍涉推诿”[①]。十月初四日，阎敬铭从山西永济出发考察州县赈务，十六日抵达省城，与曾国荃商讨赈济事务，十一月十一日返回安邑县运城行馆。[②]书札中所言“丹初先生已至运城”当即指此。另，同年十月，阎敬铭、曾国荃上奏折“请调员襄办赈务”，请求调派翰林院编修李用清、兵部主事王炳坛、前甘肃巩秦阶道张树荧、前山西汾州府知府罗嘉福等人前往山西襄办赈务，二十七日奉谕得允。书札中所言“欣悉台旌已于初六日出都”当指十一月初六日。

第二通

菊圃仁兄大人阁下：

前接上党来书，已一一缕复，付驿递去。顷接太州惠函，知前信尚未达到，或台旌遄发，已度铜鞮邮筒之投，遂致相左。阁下劳劳车马，遍历灾区，救世之心与匡时之略发诸荩抱，泽及梓乡。弟亦受益于无穷矣。罂粟之禁既经疏陈晓谕于前，复经严札通饬于后，不啻三令五申。奉第二书后，又严札通饬州县不准怀疑观望。地方官若必自取厥咎，亦惟绳之以法而已。药厘之数无多，去之诚是。刻当来春愆期，东耕未作，运脚稀少，账米不来，待哺饥黎鹭延鹄立，以是日夜焦心，一筹莫展。阁下如有速运之法，尚祈明以教我。幸甚幸甚。订庭先生已奉铁牌到省，祈祷仍属无灵。其真人事之不修，以致天心之未转耶。抚躬循省，引咎不遑。手此，敬颂台祺不具。世愚弟曾国荃顿首，三月十一日。

---

① （清）曾国荃撰，梁小进整理：《曾国荃全集》第1册，岳麓书社，2006年，第213页。

② 郝平：《丁戊奇荒——光绪初年山西灾荒与救济研究》，北京大学出版社，2012年，第137—139页。

按：此通书札作于光绪四年（1878）。书札中提到的"讦庭先生"指罗嘉福。罗嘉福（1812—1884），字讦庭，浙江山阴人，曾任山西汾州府知府。据梁小进先生整理的曾国荃《年表》光绪四年载："三月，派道员罗嘉福往直隶邯郸恭请圣井冈铁牌，来太原设坛步祷祈雨。"[①]每遇旱灾，上至皇帝、下至县令都会到各坛、庙、潭等处祈雨。河北邯郸县西北十公里处有一地名圣井岗，其水井之水旱不缺、涝不溢，十分神奇，"铁牌存储井中，祷雨者捞取井中铁牌，供之辄应""近而赵疆，远而燕韩齐魏，每遇亢旱，取水请牌者指不胜屈。"[②]曾国荃为求降雨，便派罗嘉福请铁牌祈雨，在三月给阎敬铭的信中提到："讦庭先生康健之至，于初四日进城，初五日奉铁牌供座，设坛展祷。"[③]怎奈结果令人失望，忽阴忽晴，欲雨不雨，徒增焦虑之情。

第三通

菊圃仁兄世大人阁下：

月前奉到十八日手书，因琐务匆匆，未遑即复，歉如也。辰维荩勤楙著，旅祉多安。屈计行旌，想已早发雁门矣。承示各节，具见卓识，容即从容筹办，以备储积之方。近日运事大难，屡与丹初先生函商，迄无良法，饥民望粮待哺嗷嗷，而获鹿、洛阳、清化、道口等处均以无车，粮米停滞，虽设法添募小车，雇夫负运，仍无所益，为之奈何。日来雨水酣足，低洼之处间有患潦者。望雨盼晴，此心不遑应接。且时将交伏，天气甚寒，朝晚尚须棉衣，尤非得时之正。北路地气尤冷，祈善自调护，无任祷切。肃此奉复，敬颂台绥，诸惟雅照不具。世愚弟曾国荃顿首。

按：山西发生灾荒后，清廷从各地调集粮食。受山西地形以及气候的影响，大批粮食运往山西后，往往积压在各转运局，无法快速转运至各州县。光绪四年六月，曾国荃在写给阎敬铭的信中提到："各局粮运，至此时可谓艰难极矣。获鹿承运最多，四月以前尚不大滞，今则积数甚巨，就地无长脚可

---

① （清）曾国荃撰，梁小进整理：《曾国荃全集》第6册，岳麓书社，2006年，第177页。

② 杨肇基修：［民国］《邯郸县志》卷三，民国二十九年（1940）刻本。

③ （清）曾国荃撰，梁小进整理：《曾国荃全集》第3册，岳麓书社，2006年，第547页。

觅,几至不能转动,只靠练军帮运。人力能有几何?道口亦大致相同,万分焦灼。"[①]这与致李用清书札中提到"而获鹿、洛阳、清化、道口等处均以无车,粮米停滞"情况类似。另外,书札中又提到"且时将交伏",交伏即入伏之意,一般在六月份。因此,这通书札的撰写时间应为光绪四年(1878)六月。

第四通

菊圃仁兄世大人阁下:

前接雁门发书,当经具复,不识已登青照否。顷专弁回赍到手告,敬悉驾莅古丰。勤劳楙著,至慰远怀。承示归化粮价,自较省南为减,然白金每两仅易满钱四百八十文,何南北相差之甚也。或系一千四百八十文,尚不相悬殊耳。北路盖藏空虚,至为可虑。近省雨水渐缺,望泽甚殷,今秋之成获如何,正难预必,时切隐忧。河东一带赖关中大熟,稍滋接济。平阳等处居适中之地,转运为难,刻当酷暑,脚力甚稀,殊令人无从措手耳。朗轩中丞复信附呈,祈察收。手肃奉谢,敬颂台绥,诸惟霁照不具。世愚弟曾国荃顿首,六月廿九日。

星使托查之件,如有复信,即祈交来弁手带回,以便妥寄运城也。近日盼雨甚切,省城与南路均有同情,未知北路何如。并乞示知为感。弟又顿首。

按:此通书札撰于光绪四年。文中所言"朗轩中丞"指涂宗瀛。涂宗瀛(1812—1894),字阆仙,号朗轩,安徽六安人,曾入曾国藩幕府,光绪三至七年(1877—1881)任河南巡抚。

第五通

菊圃仁兄世大人阁下:

昨接归化惠书,当经具复,不识已登青照否。顷保德州专足至,赍到手函,并上星使信,当为粘固排封转递矣。台旌安抵定羌,旅祺多吉,至洽鄙怀。惟该处山路崎岖,颇称险阻,秋风振厉,诸望

① (清)曾国荃撰,梁小进整理:《曾国荃全集》第3册,岳麓书社,2006年,第567页。

珍重起居、善自调护是祷。北路稼穑芃茂,欣慰良深。近省伏中患旱,今获秋霖,略可补救。南路虽间有得雨之处,而郇城一带直至七月初十日尚未得雨,与平阳所属同一旱象,时事大为可忧。幸豫陕皆丰,关中已驰遏籴之禁,尚可稍资接济耳。此肃,敬颂台绥不尽。世愚弟曾国荃顿首,七月十九日。

按:此通书札撰于光绪四年(1878)。"郇城",临猗旧称,属蒲州。光绪四年七月,曾国荃在给阎敬铭的信中谈到:"闻南路蒲州、平阳两属患旱尤甚,即续得雨,亦恐无益,大为可忧。"①此与上述书札的"与平阳所属同一旱象,时事大为可犹"等语有雷同之处,因此两通书札的撰写时间应该比较接近。

第六通

菊圃仁兄世大人阁下:

昨接保德来函,当经具复。顷间续披惠翰,知前次差弁暂留保德,以备后此赍书之用。北路驿务不必省南,排递之函往往迟误,不若专人驰送较为稳妥。近日省垣得雨,颇称酣足,如不至浸淫,可望数成收获。平、蒲各属患旱者多,接丹翁星使七月初十日来书,尚未得雨,此后难沾渥泽,恐无及矣。奈何奈何。肃此奉复,敬颂台绥,诸惟爱照不具。世愚弟曾国荃顿首。

按:书札的开头即说"昨接保德来函",与上一通撰于七月十九日的书札"顷保德州专足至,赍到手函"相衔接,且都谈及平阳、蒲州旱灾之事,因此,这通书札的撰写时间为光绪四年七月二十日。

第七通

菊圃仁兄世大人阁下:

顷奉七月廿六日保德所发手书,具悉种切。郇城一带于七月十八九日已得透雨。丹翁星使书来,言尚有略可补救之处,至深欣慰。平、蒲、解、绛蠲免下忙地丁,上月由驿驰奏,刻已钦奉谕旨,谨

① (清)曾国荃撰,梁小进整理:《曾国荃全集》第3册,岳麓书社,2006年,第580页。

当刊发眷黄。其余各属尚须察看,再行续办。罂粟之禁,原不啻三令五申,但法轻则民易犯,利重则人争趋,恐难杜绝,间尝苦思,愧无良法。上月有仿两江罚地充公之奏,一俟奉旨,即当严切通行也。尊议三端,切中时弊,容即次第妥筹,以纾荩注。肃此具复,敬颂旅祺百益。世愚弟曾国荃顿首,八月初七。

按:这通书札的撰写时间为光绪四年。光绪四年三月,在遍查山西受灾州县之后,李用清提出裁撤药厘、禁种罂粟的主张,并请曾国荃代为上奏。不过曾对此有顾虑:"然官之失察者,例止罚俸;民之违禁者,罪止杖八十。利之所在,趋之若鹜,虽有严刑峻法亦难保其必行,况法律本轻乎?"①李用清对曾的行为颇为不满,见面时呈上"十不解"之说,措辞应该十分严厉,要不然,曾国荃不会有"我辈办事,但能于事有济,无不可以和衷商量,务使意气胥平,而笔墨争辩尤可不必",以及"而菊翁必欲以一手遮天,其意谓官不肯严禁"等感慨。② 在李用清的极力坚持下,曾国荃终于光绪四年(1878)七月二十六日上奏《请将种罂粟地充公片》,内有"查两江禁止罂粟,有将地亩充公章程,立法不甚苛扰,最为民间所畏惮。臣拟以后晋省如有栽种罂粟者,一经查出,即将该户所种罂粟地亩全数充公"之语。③ 此通书札所言"上月有仿两江罚地充公之奏,一俟奉旨,即当严切通行也"当即是指此。

参考文献

[1](清)曾国荃撰,梁小进整理:《曾国荃全集》,岳麓书社,2006年。

① (清)曾国荃撰,梁小进整理:《曾国荃全集》第3册,岳麓书社,2006年,第549页。

② 同上,第552页。

③ 同上,第1册,第314页。

书林遗韵　芸香不绝

——魏隐儒《书林掇英》读后

李　军

魏隐儒先生遗著《书林掇英》一书，早就期盼已久。在几年之前，曾看到贾文忠先生等相关的推介文章，只是一直未见此书出版，颇引以为憾事。对于魏隐儒先生，此前因曾拜读过他的《古籍版本鉴定丛谈》及《中国印刷史》等著作，虽说并不陌生，但对其生平，却未有深入的了解。从《书林掇英》一书前的作者小传，还有黄裳、杨殿珣、姚伯岳、贾文忠诸先生的序跋中，让我们对魏先生的一生事迹有了较为深入的了解。

魏隐儒(1916—1993)，河北束鹿人。早年毕业于私立北平美术学院，师从李苦禅先生。此后曾历任北京、山东等地中小学教职。新中国成立以后，他被调入图书发行系统，供职于中国图书发行公司、新华书店、中国书店，后又任职于北京市文物局。著作除前举两种外，尚有《印刷史话》《古籍鉴赏》《藏书家传略》等，并曾参加《中国古籍善本书目》的编纂工作。由上所述，可知魏先生的前半生，主要从事教育工作，后半生因日与古书相伴，故精于版本之学。古籍《版本鉴定丛谈》和中国《印刷史》二书，无疑是魏先生在相关理论方面的代表作。至于《书林掇英》一书，则与前者截然不同，基本上是对所见古籍版本、行款等内容的客观记录。虽然没有前者那样具有创见性，不过对于古籍版本的鉴定与收藏源流，却有着重要的参考价值。

由于《书林掇英》是魏先生从20世纪60至90年代，30年间陆续对经眼古籍所作笔记，最初并未分类编订，且兼录所见之现代进步报刊，内容庞杂。此次选取其中古籍部分进行整理出版，主要是为了突出古籍善本这一主题，所以全书有了个副标题——《魏隐儒古籍版本知见录》。全书著录古籍近3000种，经过系统整理之后，被分成经、史、子、集、小说、戏曲六部分，丛书10种附后。全书仍采用传统的四部分类法。可能考虑到小说、戏曲两部分收书较多，故将二者独立于后，不仅使全书眉目更加清楚，同时也凸显出本书的一大特点，即对俗文学著作版本的关注，这也间接反映了当时古籍收藏的新特点。

《书林掇英》作为古籍知见目录，其性质与清初钱遵王的《读书敏求记》、清末莫友芝的《宋元旧本书经眼录》颇相类似。至于民国间，坊肆书估，往往有贩书经眼录之作，如活跃于琉璃厂的孙殿起、王文进，就曾将生平经手、经眼之书详加记录，分撰成《贩书偶记》与《文禄堂访书记》二书，为近代书林之名著，其价值早已为人所熟知。此外，如孙殿起的外甥雷梦水编成《贩书偶记续编》，并撰有《古书经眼录》和《书林琐记》。北京的王子霖《古籍版本学文集》中也有《古籍善本经眼录》。杭州的严宝善撰有《贩书经眼录》。苏州的江澄波撰有《古刻名抄经眼录》。不过，由于民国间私营书店，古籍的买家身份仍属于商业秘密，有时不便公开，故早期的贩书经眼录对此多讳莫如深。而新中国成立以后，古旧书业公私合营之后，藏书的归宿不再成为秘密。至于学者访书所记，如路工的《访书见闻录》为访购古籍之随笔，谢国桢的《江浙访书记》则是赴江浙各公藏机构看书的笔记，多侧重于对书籍内容的叙述，反而对版本并不作细致地记录。

对于知见性书目的作用，黄裳先生在《书林掇英》一书序文一开头就说："过去买旧书的人，开手时总得先备一两种目录书作参考，如《郘亭书目》和《四库目录标注》之类。"其中，《郘亭书目》即莫友芝的《郘亭知见传本书目》，与邵懿辰的《四库简明目录标注》一样，是标注同种古籍不同版本的目录。民国间著名藏书家傅增湘先生出外访书，必携一部《郘亭书目》随行，每见一书，版本为原目所未及者，即笔之于天头地脚、字里行间，在其身后，由傅熹年先生整理为《藏园订补郘亭知见传本书目》，至今仍是查考古籍版本最重要的参考书之一。邵氏《标注》亦经其孙邵章加以增补，有增订本行世。但由于莫氏《书目》与邵氏《标注》两目，收书均不出《四库全书》的范围，其价值自然受到了一定程度的影响。虽然后来增补过程中，已有很大的突破，但因知见性目录本身体例所限，对于一书的记录，侧重于版本、行款等几项，而其余则均付略如，不免略显简略。为了弥补这一缺憾，傅增湘先生将观书笔记经整理后，编为《藏园群书经眼录》，除版本、行款之外，更附记藏印、题跋、藏家及观书时间、藏书流转等内容，可称详尽。而魏先生的《书林掇英》其性质与傅氏《经眼录》相近，故黄裳先生认为其"上可与傅增湘的《藏园经眼录》相衔接，旁参王重民的《中国善本书提要》，百年来我国善本书的流转聚散，大致可以得到一个比较完整的印象了"。这一说法，乃因傅氏卒于1949年，其《经眼录》约至于是年。而《书林掇英》所录，是魏先生1956年入中国书店划价组后陆续所记，时间上可以说存在一定的延续性。

杨殿珣先生通读书稿后，曾将本书的特点总结为以下几方面：首先，全书收录的古籍善本数量多，质量高，记录详细；其次，对所著录之书，除了记录基本的版本内容、作者生平外，还谈及鉴定版本的心得和经验，如活字本的鉴定、一书先印本与后印本的区分、古书作伪的判别等，为后人积累了丰富的资料；第三，不但对古籍中的藏印逐一记录，以便揭示其递藏的线索，而且将当时古籍采访、出售等细节，也详加记录。这对今日了解各图书馆，尤其是北方各馆部分古籍善本的入藏情况，具有重要的参考价值。

其实，除了杨氏序文中所举特点之外，笔者就阅读所见，觉得尚有值得引起读者注意者。

首先，作为知见性书目，此类目录的价值主要体现在收售古籍时，为我们提供参考。但在使用此类书目时，也需要注意选择较权威且版本佳者。如黄裳先生序文所称之《郘亭知见传本书目》，因其在藏书家与书估间素具权威，故常被作为判断古籍优劣的依据。魏先生在《书林掇英》史部传记类明嘉靖刻本《皇明殿阁词林记》二十二卷一条中就提到，由于石印本《郘亭知见传本书目》“误著此书为三十二卷，书商收购时常据《郘亭目》欺骗卖主，以残书价收进，再以全书价卖出”。可见在判断古籍版本的优劣时，固然需要参考书目，但更重要的是仔细检阅原书再下结论。同时，这也告诉我们，古籍版本的鉴别，除了参考不同工具书外，实践及经验的积累也很重要。

其次，《书林掇英》虽与前列各种贩书经眼录性质相类似，但也有不尽相同之处。那就是除了对古籍来源、归宿作记录外，还附注古籍售价。书的来源，北京本地藏家之外，上海、福建、广东、宁波等地均有专人采访。至于古籍出售的对象则主要是北京图书馆、北京大学图书馆、北京师范大学图书馆、历史博物馆、国家文物局、东北师范大学图书馆等，也有私人如郑振铎、赵元方、康生等，似乎多集中在北方。至于书价的记录，则是前人所鲜及者，很可能是魏隐儒先生充任划价员，这一得天独厚的条件所致。由于古籍的价格是不断波动的，魏先生书中并未逐一记录定价的年月，不过综合各书之记录来看，1956年所见书记书价者最多，而大部分有价格的古籍应该是此后数年中所见，反映了20世纪六七十年代古籍的价格，对于研究同时期古书流通活动与定价原则，无疑是重要的文献资料。

第三，作为将后半生献给古书业与古籍版本学的魏先生，徜徉书林30余年，对于书林掌故早已熟稔于心，尤其是对北京地区的藏书与藏书家均有深入了解。虽然限于《书林掇英》本身提要式的体例，未能加以系统的阐述，但因提要本身分为记书和记人两部分，所以往往多连类涉及，留下了很多的线索。这部分内容又可分为几方面：如对藏书流散的记录，集部明嘉靖本《六朝声偶集》六卷条提及杭州汪氏振绮堂"所藏书于 1956 年散出一批,为北京隆福寺街修绠堂书店孙助廉访得,皆罕传善本,郑振铎、赵万里先生闻悉,争睹为快,分为购藏",交代了全书中所记汪氏振绮堂藏书的北流一事。如对藏书家生平的记录,涉及捐书北京图书馆的赵元方、"文革"中惨死的刘盼遂以及邓拓、郑振铎、傅惜华、于莲客等。其中,曾屡次提到康生,并记 1979 年夏在故宫南书房整理康生古籍所见书。如此种种,皆足备一时之掌故。

第四,由于《书林掇英》收录古籍善本数量众多,经过分类后,不同时期所见的同一种书不同版本记录汇聚于一处,对于考察一书的版本源流,提供了很大的帮助,书后附有书名索引,使读者检索亦颇为便利。如书中对《红楼梦》《聊斋志异》《西厢记》等,著录之详,读者一目了然。不过,有些古籍虽然只列了一个条目,但在提要中,魏先生却在叙述此书的刊刻源流时,同时开列其不同版本,有时甚至将先印与后印、原刻与翻刻也一并加以区别,穷原竟委,可称详备。这部分内容对于我们鉴别古籍版本而言,无疑是相当实用的。

不过,由于《书林掇英》一书篇幅巨大,为魏隐儒先生 30 余年陆续所记,并经誊写,至今又据其书稿重加编订,文字讹误,在所难免。如第 4 页《诚斋先生易传》一条中"汪印文深"之"深"疑为"琛"字之误,此书乃汪氏艺云书舍旧藏也。第 5 页《汉上易传》一条中"王雨堂印"之"王"应是"玉"之误,此书经毛晋、韩泰华、袁克文、张元济诸家递藏,玉雨堂乃韩氏书斋名。第 36 页《考工记图》一条中"吴兴潘承厚承弼读书记"之"兴"应为"县"之误,潘氏兄弟为苏州吴县人。第 39 页《律吕古谊》一条中"赵次山学非昔"之"学"疑为"字"之误,"逮山楼"之"逮"应是"旧"之误,常熟藏书家赵宗建字次山,号非昔居士,藏书处名为旧山楼。以上只是随手录之,未能备举,但如此大书,此为小疵,白璧微瑕,实不能掩其瑜。

近几年来,随着古籍收藏热潮的兴起,相关的专业参考书逐渐受到大家的青睐。《书林掇英》作为这方面的著作,从 20 世纪 90 年代初谋求出版,经过 10 余年,至今才正式问世。虽然让人期待了很久,但对比雷梦水先生遗稿之不幸流散,难以收拾,魏隐儒先生可以说是幸运的,而作为后生能亲睹此书,我们同样也是幸运的。尽管有友人感叹,像此类著作一版之后,恐难再版,但我们仍然迫切希望,类似的著作能够不断被发掘整理,庶勿使前贤枉费心血,存其文献,可谓功德无量。

别具趣味的史料宝库

——《国家图书馆藏抄稿本日记选编》出版

陈莹莹　靳　诺

日记是作者对每天所见、所闻、所历、所感、所思有选择的记录,因其是能够表现作者个性的文体,成为别具趣味的文学作品。时至今日,日记作为一种历史研究的专门文献,因体裁的特殊性,使其具有其他文献所不具备的史料价值和珍藏价值。

我国古代日记具有悠久的历史,其远祖可追溯至编年纪事体史书。钱钟书在《复堂日记序》中指出:"简册之文,莫或先乎日记,左右史记言动尚已。及学者为之,见彼不舍,安此日富。"日记之数量虽可观,然仍有部分鲜为人知。散佚者、失传者不在少数,幸存下来的或已刊或未刊,正有待于我们发掘利用。《中国古籍善本书目》著录自元代至清末的日记约 360 种,大多为稿抄本,珍藏于全国各地图书馆,对这些日记的整理影印,既可使文化典籍得以保存,又能供学界研究参考,惠及后世,意义深远。

今特择国家图书馆藏 24 位名家稿抄本日记 28 种,以作者生卒年为序,纂成 60 册,于 2015 年 12 月出版。28 种日记中,一种为元人郭畀所撰《郭天锡日记》一卷,余下 27 种均为清人日记。

郭畀,字天锡,号云山,《中国古代书法家辞典》载其"善论辩,通《国语》,工书画","曾写《松雪集》,孟頫跋其后,称赏备至"。元代留存至今的日记不多,为世传诵的首推郭畀的《郭天锡日记》。本编所选《郭天锡日记》为清嘉庆四年(1799)赵之玉抄本,清鲍廷博校,并有清宋葆淳、赵辑宁跋。此稿记元至大元年至二年(1308—1309)事,"逐日详书天气之阴晴寒暑,人事之往来酬答,委曲琐屑,靡不备尽"(宋葆淳跋语)。又详细记载所见书画文物,所游名胜古迹,寄予兴亡之叹。

所选 27 种清人日记除赵宗建《旧山楼日记》一卷为抄本外,其余均为稿本,且有些尚未公之于世,具有较高的学术价值和珍藏价值。日记著录时间自康熙至光绪,内容之丰富自不待言。以作者主要成就大致可归为为官从政者和文人学者两大类。

一、为官从政者

如,英和乃满洲正白旗人,历任编修、内阁学士、工部尚书、户部尚书、军机大臣等职,《奉使陕甘日记》所记是其奉命出行陕西、甘肃途中之见闻考察。

翁心存是清代道光、咸丰两朝名臣,道咸两朝政治、经济、军事、科举、礼仪、吏治等,皆在他留存的《知止斋日记》手稿中有所反映。参以其孙翁曾翰(翁同龢嗣子)《海珊日记》对研究晚清历史以及常熟翁氏家族有重要参考价值。

祁寯藻历仕嘉庆、道光、咸丰、同治四朝,官至大学士兼礼部尚书。其《东洲草堂日记》记道光十四年(1834)、十九年(1839)、二十三至二十四年(1843—1844),咸丰元年至二年(1851—1852)、四年(1854)、十年至同治元年(1860—1862)、十年(1871)事。

王庆云乃今文物鉴赏家、收藏家王世襄曾祖,曾入山西名宦祠。其日记从道光二十六年(1846)正月记,至咸丰十一年(1861)止,共 16 年,内容随其职务和任职地区的不同所记各有侧重,前段重在修史、理财,后段重在吏治、防务、盐政等。又记太平军事、列强侵略行为尤详。

道光进士、四川学政、书法家何绍基的手书日记数册均为行书。日记除了记录何氏平时的生活起居、友朋往来诸事外,更有记载书法事。

黄彭年的《黄陶楼日记》由其孙黄襄成整理保存,“都四十七册,时历四朝,虽有残阙,然先人出处以及朝章掌故略可考见”(黄襄成跋语)。含数十种子目,“海行日记”记有主讲莲池书院及为李鸿章修《畿辅通志》事,“紫泥日记”记关于科场掌故,“思朔录五”多记邸抄时事,“思朔录八”专载碑传,等等。诸册前后时见襄成跋语,可资参考。

江标亦晚清名臣,又为俞樾门下弟子,终生崇奉朴学,工诗词书法,尤擅小篆书,博学多能,交游甚广。其日记详记读书笔记,间有考证鉴别鼎彝文字、宋元书版者或作简笔书画于天头处以资说明,古朴可爱。日记中又有与张之洞、吴大澂、陈宝箴等晚清重臣往来函札底稿,可考交游。

光绪十五年(1889)进士王继香可谓笔耕不辍,其留存下来的《王子献先生日记》自光绪二至十六年(1876—1890)、十九至二十年(1893—1894)、二十三至三十一年(1897—1905),长达 26 年之久,煌煌 60 册,时间之长,内容之丰富,令人咋舌,且逐日详书,事无巨细。

这些日记记宫中闻见，如清廷各种仪注（入值、迎驾、丧葬等）、京城建筑、科考等，记作者赴任、出巡、进京觐见等事宜。所记或为作者亲身经历，或见于邸报、上谕、奏章，十分详细，几涉有清一代之典章制度、政情内幕、人事交往等政治、军事、经济大事，只言片语，虽非系统论述，却是片段式真实史料，为清史研究之一手资料，当可征信，研清史者或可细细考究。

二、文人学者

吴骞、谢兰生、张廷济、莫友芝、方玉润、赵宗建、平步青等，或以藏书家、版本目录学家、书法家、文史学家名世者，其日记或记生活起居、文酒诗会、山川形胜、风土民情和友人来往函礼、诗文等，于现代学术研究更是大有裨益。

如，以藏书家名世的吴骞交游甚广，与段玉裁、钱大昕、王鸣盛、鲍廷博等著名学者谛交颇厚，过从极密。《兔床日记》为其乾隆庚子（四十五年）（1780）日记，始于二月十六日，终三月二十日，参其《日谱》可供研究作者生平及其与乾嘉学者之关系。

非昔居士赵宗建亦以藏书名家，家有旧山楼，藏书甚富。

广东南海人谢兰生《常惺惺斋日记》手稿，记录其每日工作、行程、交往，于书院课徒、官商酬酢及其时广州府城内生活情形方面提供了诸多细节，是了解谢氏及其时代的重要资料。

莫友芝在版本目录学、文字学、音韵学、训诂学、书法艺术等学科领域均有杰出成就。其《郘亭日记》两种，记清咸丰十至十一年（1860—1861）及同治五至十年（1866—1871）事，内容为随手笔录，起居琐事、读书笔记，所收书目、价格，游历所见山形水貌等，靡不详备。

近代作家兼学者方玉润之《心烈日记》与《星烈日记》不仅为研究其人其学之一手资料，又因其曾充任安徽布政使李孟群、总兵王国才幕客，参加镇压太平天国运动，故所录金田起义资料及湖北、安徽战事甚有价值。

张廷济乃嘉庆、道光间重要金石学家，所藏古器物颇丰。《张叔未日记》所记自嘉庆三至七年（1798—1802）、九至十年（1804—1805）、十五至二十年（1810—1815）及道光元年至三年（1821—1823），长达 16 年之久，内容宏富自不必说，其中金石题跋文字最具价值。

余者如数学家、天文学家李锐，近代维新派先驱王韬，生平未详之叶钧，其日记亦是重要史料。

此次自国家图书馆馆藏珍贵抄稿本中精心挑选、影印出版的 28 种日记，大部分尚未公之于世，兼具版本、史料及书法价值，敬供研究者利用收藏。

东亚同文书院的中国调查

冯天瑜

东亚同文书院——日本明治末年至大正、昭和时期(1901—1945)在中国上海兴建的一所招收日本各府县学生的名校,其办学宗旨号称"讲中外之实学,育中日之英才",实为培养掌握汉字文化、熟悉华人社情的"中国通",系统调查中国,为日本经略东亚的"大陆政策"服务。该书院最突出的行为是,诸生组队前往中国各地,作专题实证考查。经40余年积淀,其踏访线路之总和,密如蛛网,遍及中国南北东西。参加踏查的学生撰写游记性旅行日志和专科性调查报告,共同构成卷帙浩繁的文本系统,而书院方及相关机构利用这些调查获得的一、二手材料,编纂出版大量专门研究论著和刊物,周详记述并解析中国经济、政治、文化、社会、风俗诸方面实态。

第二次世界大战日本败降后,东亚同文书院大学被取缔,撤回到日本的东亚同文书院大学最后一任校长本间喜一和部分教员在爱知县丰桥市,会同从台北、汉城撤回的两所"帝国大学"的部分教员,于1946年11月组建日本中部地区一所文法科大学——爱知大学。书院当年的调查报告、旅行日志等原始文本和编纂出版的书刊文献,几经转徙,现分别藏于中国国家图书馆和日本的爱知大学丰桥校舍图书馆。笔者1998—2001年讲学爱知大学期间及其前后近10年间,浏览这批文献并作初步研究,获得两层认知:一者,近代日本所作中国调查的巨细无遗、切入底里,应引起国人警醒;二者,这批文献提供的系统材料,是研考清末、民国社会的文献渊薮,理当加以利用,其展示的实证主义调查研究方法,也可供参酌借鉴。令人欣慰的是,国家图书馆深谋远虑,将该馆有关东亚同文书院中国调查的巨量藏本整编条贯,影印出版,这确乎是有益当下、惠泽来世的恢宏举措。

一

近邻日本注重研考中国,自古已然,近代尤烈。

古代中国曾长期雄踞文化高势位，其物质文化、制度文化和观念文化领先于包括日本在内的周边诸国，3000 年间一直是文化输出源地。秦汉间中华文化即传往日本。隋唐（日本推古朝至平城—平安时期）以降，作为文化受容国的日本，摄取中华文化更成为自觉国策。受天皇政府派遣，阿倍仲麻吕（701—770）、吉备真备（695—775）、藤原清河（706—778）、玄昉（？—746）、空海（774—835）、圆珍（814—891）、荣西（1141—1215）等数以百计的官员、游学生、游学僧竞相前往唐宋踏访，结交华夏士子，研习汉字汉文、生产技术、典章制度、宗教教义教仪、艺文哲思等多方面文明成果，并留下不少目击记、闻见录，仅以入华高僧的纪行文而论，著名者便有“五大游记”——入唐日僧最澄大师（767—822）的《历行钞》，谥号慈觉大师的圆仁（794—867）的《入唐求法巡礼行记》，入宋日僧成寻阿阇梨的《参天台五台记》，入明日僧瑞圻和尚的《入唐记》、策彦和尚的《初渡记》《再渡记》。古代日本人的中国踏访，是求教于先进文化的学习性考查。日本推古三十一年（623），入唐学问僧给天皇的奏本说：“大唐国者，法式备定，珍国也，常须达。”表述了向文化先进的大唐学习的强烈愿望。

这种运行达 2000 年之久的中国向日本传输文化的趋势，到明治维新以后发生逆转——原来是汉字文化圈外缘和文化输入国的日本，因学习西洋、建设近代工业文明有成，社会发展走到中国前头。逐渐强盛起来的近代日本，踏查中国的热情较之古时有增无减，而其目的，则由学习、师法变为觊觎、侵略中国。

明治维新展开的日本近代化进程，于资本原始积累、实现产业革命的初始阶段，适逢世界资本主义向帝国主义转化时期，而日本古来即自视“神国”，素有“八纮一宇”雄心，在近代条件下，迫不及待地乘上帝国主义战车，参与瓜分乃至独占邻邦。鉴于地缘特点，日本的矛头直指东亚，朝鲜半岛首当其冲，中国则是主要目标。而多方面考查作为侵略对象的中国，遂成为近代日本持久的战略工程。这既是日本研习中国的两千年传统之近代转型，也是对欧美考察殖民地作法的直接仿效。

欧美列强率先完成工业革命并掌握近代科学方法，其殖民扩张总是伴以对掠占国家的周密考察。采取实地勘察手段，沿着文化人类学等近代学术理路，周详调查对象国的自然资源与社会—人文状况，是西方列强从事的一项长期活动。鲁迅留学日本之际，对外国人“入吾内地，狼顾而鹰睨”，觊觎中国主权的踏查活动深怀忧患，他于 1903 年作《中国地质略论》一文，列举德国人利忒何芬（通译李希霍芬）1868—1872 年的七次中国踏查，匈牙利伯爵式奚尼 1879—1880 年的中国西部及西南踏查，俄国人阿布佉夫（通译奥勃鲁契夫)1884年的华北踏查,法国里昂商业会议所1887年的云贵川踏查。此外,史学界熟知的英国斯坦因、瑞典斯文赫定、德国格林韦德尔、法国伯希和等人的中国西北考古并将高昌、敦煌等处文物西传,也为此类显例。这些外人深入中国堂奥,都留有游记性或研究性著述,成为外人考查中国的范本。

日本作为后起的资本主义国家,深悉欧美列强此一旨趣,并身体力行,在有些方面较欧美更有过之而无不及。日本的域外踏查,以东亚,特别是中国为首要对象,这是与其侵略范围相一致的。

中日两国是"一衣带水""一苇可航"的近邻,有着深刻的历史文化渊源,近代初期又都受到西方列强的殖民侵略,处境相似。日本自幕末"开国"之际,即十分关注在中国发生的鸦片战争、太平天国诸事态,以之作为日本决定国策的参考系数,遂于19世纪60年代初中期,四次遣使上海等地,对中国情状作现地调查。幕末日本的中国踏查,主要是试图汲取清朝衰败的教训,对中国受西洋凌辱尚有唇亡齿寒、惺惺相惜之概,这在1862年访沪的高杉晋作(1839—1867)的《游清五录》等日本藩士纪行文中有所表述。然而,幕末踏查中国的藩士们面对清朝的衰朽,已流露出蔑华情绪,如与高杉晋作同行的峰洁甚至发出"若给我一万骑,率之征战,可纵横清国"的狂言。这正是日本自丰臣秀吉以来对外扩张传统在近代早期的初步昭显。明治维新以后,日本国势骤强,正式确立"经略中国""雄飞海外"战略,形成以独占中国为目标的"大陆政策"。日本又有地近、文近、人种相近之利,其对中国调查的强度、规模和系统性,较之欧美诸国颇有后来居上之势。

早在19世纪80年代,日本已开始对中国作系统调查,以地质矿藏考查为例,便有神保、巨智部、铃木的辽东踏查,西和田的热河踏查,平林、井上、斋藤的南方踏查。在文物考古领域,与英国人斯坦因、瑞典人斯文赫定相同时,20世纪初年,有日本伊东忠太的云冈石窟调查、大谷考查队的新疆考古并窃取壁画文书(著名的"大谷文书"由此而来)。

二

近代日本把对以中国为主体的亚洲大陆的实证性探查,视作日本与欧美列强竞争高下的"使命"。日本官方、军方、商界,出于军事、政治、经济目的,不断派出浪人、军人、商人、记者,潜入中国各地作周密踏查。

(一)学者、官员、商人、军人、浪人的个人踏访

19世纪中叶以降,高杉晋作、名仓予何人、安东不二雄、宇野哲人等相继

作“禹域踏查”(日本人习称中国为“禹域”,即“大禹的国度”),留下大量纪行日记、随笔,竹添光鸿的《栈云峡雨日记》、冈千仞的《观光纪游》、内藤湖南的《燕山楚水》、德富苏峰的《中国漫游记》为传世名篇。日本尤玛尼书房于平成九年(1997)出版小岛晋治监修的《幕末明治中国见闻录集成》二十卷本,平成十一年(1999)出版小岛晋治监修的《大正中国见闻录集成》二十卷本,即为这批纪行文的精选,从中可以得见近代日本武士、学者、商人、军人、记者中国旅行见闻、评述的范围与深度。

(二)驻华领事的分区调查

日本外务省从明治十四年(1881)起,将领事报告编为《通商汇编》年刊,继而改为半年刊。农商务省还于明治十八至二十一年(1885—1888)办《农商工公报》(月刊),每号都载有“领事报告”。明治十九年(1886)以后,外务省下属的《通商汇编》更名《通商报告》,明治二十二年(1889)底停刊,明治二十七年(1894)以《通商汇纂》复刊。汉口总领事水野幸吉著《汉口中央支那事情》、内田佐和吉著《武汉巷史》之类书籍,则是领事系统调查的附产品。上海日本总领事馆特别调查班的调查报告汇编《特调班月报》(1941),与侵华战争直接关联。

(三)满铁调查

1906年组建的南满铁道株式会社,建立规模庞大的“南满铁道株式会社调查部”,在沈阳、吉林、哈尔滨、北京、上海等地设事务所,集中大批专家,从事中国社会调查。1939年4月,为适应扩大的侵略战争的需要,满铁调查部改组、扩充,从事“支那抗战力调查”“支那惯行调查”“日满支工业立地条件调查”“东亚重要物资自给力调查”“世界情势调查”等等。30余年间,满铁调查部搜集的各种情报、档案、书籍、杂志、剪报等,达二三十万件,并有数千种资料汇编、论著、刊物出版。

(四)兴亚院调查

1938年成立的兴亚院,由日本首相兼任总裁,陆军大臣、海军大臣、外务大臣、大藏大臣兼任副总裁,具体事务由总务长官负责。本院在东京,中国的北京、上海等地设联络部,开展对中国的政治、经济、文化的“实态调查”,包括中国工业调查、重要国防资源调查、流通关系调查、社会调查等,发表了约2000份调查报告。

(五)“末次情报资料”

日本侵华军北平情报机关“末次研究所”(负责人末次政太郎)对中外报刊以剪报形式作中国调查,累计数千万条,两亿字,分755辑,广西师范大学出版社 1994 年将该资料的中文部分出版。

（六）各实业团体的经济、商情调查

日本兴亚银行 1942—1944 年的《调查月报》，以及南亚海运株式会社的《调查内报》16 卷，关于中国经贸及交通的调查十分详细。类似的以"商战"为目标的调查报告甚多，如汉口商工会议所编《汉口经济事情》（1936）。

（七）东亚同文书院的旅行调查（后文详介）

近代日本的中国调查，以"满铁"调查部所做的东北、华北、华东"惯行调查"最著盛名。自 20 世纪 50 年代开始，中国学术界开始整理满铁调查材料，已出版的《满铁调查资料》汗牛充栋。20 世纪 70 年代以降，满铁调查材料渐为世界各国研究中国问题的机构和专家使用。美籍华裔社会学家黄宗智关于华北小农经济研究，关于长江三角洲小农家庭研究，即依凭满铁调查材料；美国社会学家杜赞奇研究华北地区村级结构的论著，马若孟关于近代华北小农经济之研究，主要材料亦取自满铁调查。近 30 年来，中国的近代史及社会史、经济史学者也注意对满铁调查的研究。

在近代日本关于中国调查的诸多系统中，踏访历时最长、覆盖面最广的，并非满铁调查部，而是"东亚同文会"组建的"东亚同文书院"。该书院及其前身汉口乐善堂、上海日清贸易研究所的中国踏查始于 19 世纪 80 年代中期，大体未间断地延续到 20 世纪 40 年代中期，几近 60 年（满铁调查不足 40 年）。其调查地域遍及除西藏之外的中国各省区的若干市、县、乡、镇乃至关隘、码头（虽未直接踏查西藏，东亚同文书院也有多种研究西藏的论著），还涉足俄罗斯西伯利亚及远东、法属印度支那半岛、南洋群岛（满铁调查限于东北、华北、华东）。东亚同文书院调查材料和编纂论著基本保存完整，然而基本状况是"藏在深闺少人识"，采选度远低于满铁调查。时下国家图书馆系统整理出版相关文献，或许将开辟利用东亚同文书院中国调查材料的局面。

三

东亚同文书院的源头，可追溯到企图以日本为盟主对抗西方列强的兴亚论者荒尾精（1858—1897）。荒尾精 1886 年创办汉口乐善堂，该堂是日本明治时期"经略中国"的传奇人物岸田吟香（1833—1905）所设上海乐善堂的支店，以营销眼药水、药材、书籍、杂货为掩护并提供经费，开展"中国调查的试行调查"，范围重点在中国西北、西南地区。汉口乐善堂《外员探查须知》

规定，访查对象包括“君子、豪杰、长者、侠客、富豪”，并将其姓名、住址、年龄、行踪详加记载。调查内容则包括各地“山川土地形状、人口疏密、风俗良否、民生贫富、被服粮秣”等等。荒尾精于1889年返国，向日本参谋本部提交2.6万字的《受命书》，对中国的朝廷、内政、人物、兵事、欧洲四大国(英、法、德、俄)的对华策略做了详细分析。

1890年，荒尾精与当年在陆军士官学校的同学根津一(1860—1927)在上海创设日清贸易研究所，该所招收150名日本学生，研习中国官话(北京话)、了解中国商事习惯及社会状况。学生修业四年，前三年为学科，最后一年为实地调查与实习。这种方式已开日后东亚同文书院的先声。因运营资金枯竭，日清贸易研究所于1893年8月停办。荒尾精1897年在台湾染鼠疫去世。

1898年，“东亚同文会”在东京成立，会长为亚洲主义者、日本贵族院议长近卫笃麿(1863—1904，“二战”时期日本首相近卫文麿之父)公爵。东亚同文会受到日本政界、军方、新闻界、工商界的支持，势头盛炽。

东亚同文书院及其前身的创始人荒尾精、近卫笃麿、根津一等，皆是日本“兴亚论”的倡导者和力行者。“兴亚论”又称“亚洲主义”，是日本明治至昭和时期重要的政治及思想流派，在朝野颇能呼风唤雨。“兴亚论”与蔑视亚洲邻国的“脱亚论”貌似相悖(前者反西方，后者亲西方)，其实却互为补充，二者共同构成日本向东亚扩张之“大陆政策”的基旨。“兴亚论”以日本的“国权主义”为核心理念，力主以日本为盟主，与中国“合纵”，与朝鲜“合邦”，使日本“指导”下的东亚组成“足恃”的力量，以阻遏欧美势力的东进。“兴亚论”还强调中日“同种同文”，汉字文化、儒家伦理是东亚诸国“亲和”的基础，日、中、朝赖此以“协力分劳”，实现“一体化”，在日本统领下抗衡西方。“兴亚论”的这一套构想，深刻影响了后来建立的东亚同文书院的办学路线，其校名标示“东亚”、昭显“同文”，正暗藏着“兴亚论”玄机。

1899年，近卫笃麿访华，在南京拜会两江总督刘坤一，鼓吹东亚同文会的亚洲主义宗旨，进而近卫与刘商定东亚同文会在南京设立学校。1900年5月，南京同文书院开办，首任院长根津一。因义和团事起，1901年初书院迁往上海，更名“东亚同文书院”，是日本在中国设立最早、最具规模的大学。学生从日本各府县招考，一届每府县两名，学生享受公费待遇，修业三年，教授汉语以及中国历史、政治、经济、文化等课程，并研习社会调查方法。书院在日本有“幻的名门校”之称，吸引一批家道清贫、学业优异的青年入学。1939年，东亚同文书院由三年制专科学校升格为四年制大学，更名“东亚同文书院大学”。

东亚同文书院接受日本政府的财政援助，并在行政上接受日本文部省和外务省的管辖和监督。书院院长的任命、系科的置废、学制的变更等事务，大都由政府决定。该书院初设政治科和商务科，课程多与中国有关，以商业和经济为重点。从 1920 年 9 月起，该院设立中华学生部，招收中国学生。同时，东亚同文会开办天津同文书院（后更名为中日书院）和汉口同文书院，两校专门招收中国学生。日本官方 1921 年颁布的"三二八号敕令"规定，该院毕业生的资格与日本国内专门学校相同。

东亚同文书院最具特色的举措，是历届学生作中国社会状况实地踏访，为此，书院设调查部、调查编纂部、支那研究部、东亚研究部，具体组织踏访实施和相关研究的展开。

书院获得清政府及后来的北洋政府允许，并领有中国当局颁发的通行许可证（民国要人孙中山、黎元洪、段祺瑞、汤化龙等皆为东亚同文书院的中国踏查题词），畅行无阻地到各省区访查，而学生通过长期的汉语及中国文化学习，又接受严格的社会调查训练，在各地活动没有语言障碍和习俗扞格。

东亚同文书院每届学生于高年级的一个学期（3 至 6 个月），数人组成调查队（如晋蒙队、蜀汉队、云南事情调查班、胶济调查班、"北满"间岛经济调查班、长江流域调查班、南洋班等等），乘船坐车，骑马徒步，至中国某地做周密的专题考察。其调查内容涉及各地经济状况、经商习惯、地理形势、民情风俗、多样方言、农村实态、地方行政等等，愈往后期，调查愈趋于专业化。

自 1901 年至 1945 年的 40 余年间，46 届近 4922 名东亚同文书院学生，对中国各省区作地毯式立体调查，线路近达 700 多条，调查旅行历时最长的一次，是二期生林出贤次郎 1905 年的新疆考查，共 274 天，跋涉天山北路，直抵中俄边境伊犁。

"汉口乐善堂"（1886—1889）—"日清贸易研究所"（1890—1893）—"南京同文书院"（1900）—上海"东亚同文书院"（1901—1939）—上海"东亚同文书院大学"（1939—1945）是日本开展中国调查历时最久、涉及地域最广的系统。

东亚同文书院初址在上海高昌庙桂墅里，1917 年迁至徐家汇虹桥路。1937 年中日战争全面爆发，虹桥校舍被战火烧毁，书院一度撤至日本长崎，日军占领上海后，书院又返回上海，1938 年 4 月侵占交通大学闵行东川路校舍（交大已于 1937 年内迁），直至 1945 年 8 月日本败降，东亚同文书院大学撤回日本。

爱知大学文学部藤田佳久教授将东亚同文书院的中国旅行调查分为

1901—1905 年的肇始期(此间主要有山东调查和武汉调查),1906—1919 年的扩大期(其标志是日本外务省自 1907 年起对给旅行调查提供 3 万日元补助金,旅行调查扩及中国各省区),1920—1930 年的圆熟期(调查专业化、细密化,调查材料整理颇见成效,突出者为 1921 年出齐的 18 卷本《支那省别全志》,马场锹太郎陆续出版《支那经济地理志》《支那主要商品志》等),1931—1937 年的制约期("九一八"事变后,中国政府不再支持东亚同文书院的中国调查,其调查活动限制在日军占领区)。

"七七事变"后中日战争全面展开,1937—1945 年的调查活动因战争大受影响,故藤田佳久没有为这一阶段给定名称。而就笔者从文献材料所见及对尚健在的东亚同文书院大学后期校友采访得知,此间的旅行调查时断时续,但一直维持到 1945 年夏,其地域当然限于日军占领区。所以可将这 8 年称之严重制约期。44 期生(1943 年入学)土门义男于 1998 年 5 月 9 日在爱知大学接受笔者与刘柏林采访时说,他于 1945 年初夏参加旅行调查,线路是上海—青岛—热河—东北。36 期生春名和雄 1999 年 7 月 12 日在东京霞山会馆接受笔者与刘柏林采访时说,他所参加的旅行组于 1939 年到江苏南通做社会调查,住在日军营房,并为日军作临时翻译。40 期生贺来扬子郎、42 期生小崎昌业 1999 年 7 月 12 日在东京霞山会馆接受笔者与刘柏林采访时说,他们所在的两届因战争缘故,旅行调查开展得很不正规。45 期生松山昭治于 1998 年 5 月 9 日在爱知大学接受笔者与刘柏林采访时说,他 1944 年春从日本长崎乘"吉林丸"出航,避过美军潜水艇,从朝鲜半岛西海岸转经山东半岛沿岸,到上海登陆,入东亚同文书院大学就读,只在 1945 年夏初为高年级同学旅行调查出发送行,自己这一届未及作旅行调查,1945 年 12 月从上海返回日本。可见,东亚同文书院大学的旅行调查一直持续到日本败降。

四

东亚同文书院中国踏查类文献,约略分为以下几类。

(一)历届学生的旅行日志及调查报告原本或复写本

东亚同文书院历届学生在旅行踏查后,皆须撰写两种文字充作结业书,一为见闻性旅行日志,称"大旅行记";二为专题调查报告,称"大旅行报告书"。这两种原件交书院图书馆保存,书院组织职员复写四份,分别呈送东亚同文会、外务省、农林水产省。

东亚同文书院第 10—29 期各届学生的"大旅行记""大旅行报告书"(即 1935 年以前的原本或复写本),皆为 16 开和纸(美浓罫纸)本,以日文草书写就,共707册,现藏爱知大学丰桥校舍图书馆,笔者与刘柏林教授曾于1998—2001年间多次前往阅览(当然只读到很少一部分)。因存放多年,纸张色变、草书字迹模糊,包括日文水平甚高的刘柏林君和日本学者也极难识读。

东亚同文书院1936—1943年的“大旅行记”“大旅行报告书”的原本或复写本现藏中国北京的国家图书馆,笔者与刘柏林于1999年曾在时称北京图书馆(今国家图书馆)的专藏室观其大貌。

国家图书馆和爱知大学图书馆大体完整保存了东亚同文书院中国调查的原始文本。

(二)从旅行日志选编整理而成的年度旅行记

书院学生个人及班队留下数量颇多的“旅行记”“旅行志”“大旅行日记”“大旅行日志”,多由书院印行。此外,书院自第七期开始,历届多编有旅行记年度选本。“二战”以后,上海东亚同文书院校友又续编当年旅行记,如日本昭和四十五年(1970)出版《续千山万里》,昭和五十五年(1980)出版《续风啊吹呀吹》,昭和五十九年(1984)出版《续靖亚行》。

近年来,日本方面继续整理出版东亚同文书院材料,如藤田佳久编《东亚同文书院中国调查旅行记录》(第1—3卷,爱知大学刊),谷光隆编《东亚同文书院大运河调查报告书》,沪友会编《东亚同文书院大旅行记录》等。

(三)调查报告专题选本

调查报告是东亚同文书院历届学生旅行踏查留下的主要文本成果。国家图书馆、爱大丰桥校舍图书馆藏有大批调查报告原本和复写本,亦藏有由东亚同文书院调查编纂部整理出版的多种《调查报告书》,笔者等编《东亚同文书院中国调查资料选译》三卷本可见其若干侧面。

据刘柏林教授调查统计,东亚同文书院中国调查报告现存(中国)国家图书馆及(日本丰桥)爱知大学图馆的数量如次:

调查报告书共有1160册

爱知大学图书馆存559册(1916—1935年)共20年

无1919年、1920年少11—12册、

1935年少9—20册

中国国家图书馆存601册(1927—1944年)共18年

无1936年、1938年

东亚同文书院及其前身在大规模开展社会调查的基础上,致力于调查素材的综合整理工作,如1892年根津一利用“汉口乐善堂”、上海“日清贸易

研究所"的调查材料,编纂出版《清国通商综览——日清贸易必携》。该书2编3册2300余页,分地理、交通、运输、金融、产业、惯习等项,成为当时日本从事对华各项活动的百科辞典,也是今人研究清末社会(特别是经济生活)的系统文献。1901年以后,东亚同文书院、东亚同文会更组织专家,对书院学生的巨量调查报告作综合研究,编纂的专题论著有:《清国商业惯习及金融事情》、《支那经济全书》、《支那省别全志》18卷、《新修支那省别全志》9卷;研究中国的刊物及语文研究书刊有《支那研究》(1—58号)、《沪友学报》等。

五

对于东亚同文书院中国调查作历史观照,可以获得两重认识。

其一,近代日本进行的中国调查,系"大陆政策"的产物,是为日本侵略中国的战略服务的。在这种调查展开之际,青年鲁迅便指出:"中国者,中国人之中国。可容外族之研究,不容外族之探检;可容外族之赞叹,不容外族之觊觎者也。"清末湖北留日学生也有类似评议:"彼碧眼儿之入吾室以窥伺吾长短,包藏祸心。"而清末、民国间,"觊觎"中国,"入吾室以窥伺吾长短"的不只是"碧眼儿"(欧美人),近邻日本怀着更强烈的独占中国之心,开展中国调查,窥探中国内里。这一历史真实,国人不可忘却。

其二,日本的官方与民间,在一个长时段运用近代实证科学方法开展周详细密的中国社会调查,有些是对当时中国官方及民间零散资料的集中与整理,有些是运用社会学的实证调查方法采集第一手材料。经数十年积累,日本人掌握了关于中国经济、政治、社会、文化方面的翔实资讯,留下卷帙浩繁的见闻录、考察报告,以及在此基础上编纂的志书、类书、研究专著等等文献,其历史认识价值不容忽视,可为从事晚清、民国政治史、经济史、文化史、社会史研究提供直接或间接的资料;至于其调查方法的精密、系统,也足堪借鉴。

毛泽东1941年在《〈农村调查〉的序言和跋》中,强调社会调查的重要性,并指出:"中国幼稚的资产阶级还没有来得及也永远不可能替我们预备关于社会情况的较完备的甚至起码的材料,如同欧美日本的资产阶级那样,所以我们自己非做搜集材料的工作不可。"这里对"中国幼稚的资产阶级"来不及作较完备的社会调查的估量,大体符合历史实情,但需要补充说明的是,自晚清以降,一些有识之士已开始重视并躬亲社会调查,如清末的湖北留日学生鉴于"各国人之于其国也,无一事不有调查会,或政府提创之,或人民自组织之”,在 1903 年成立“湖北调查部”,对在自国、自省开展社会调查有所规划,列举了“政法上之调查”“教育上之调查”“经济上之调查”“实业上之调查”“军事上之调查”“历史上之调查”“地理上之调查”“民族上之调查”“出产上之调查”“交通上之调查”“外人势力上之调查”诸方面的调查细目。限于条件,这一计划无法在晚清实现。

民国时期,国民政府的某些部门,如地震局,曾组织力量作专题社会调查,留下一批宝贵材料。某些从西方学习社会学、民族学回归的中国学者,作过高水平的社会调查研究,如陈达的《南洋华侨与闽粤社会》(英文版,1939 年),费孝通的《江村经济》(英文版,1938 年),至今闪耀光辉,被视作社会学范本。20 世纪 30 年代出版的“社会调查丛书”(中华平民教育促进会出版)也不乏佳作,如李景汉的《定县社会概况调查》(1932)便颇有价值。此后,各类调查研究报告续有面世,如费孝通等人的《乡土中国》(1945)、许烺光等人的《祖荫下》(1945)、杨懋春的《中国乡村》(1945)、林耀华的《金鸡展翅——中国家族之社会学研究》(英文版,1944 年)等。

这批在艰困的条件下完成的社会调查论著,达到令国际学术界肃然起敬的水平,足证中国人完全有能力在社会调查研究领域攀登高峰。当然,就整体而言,清末、民国积贫积弱,战乱频仍,国家与民间无力作大规模、长时段、成系统的社会调查。而日本当年以强势国力为依托,以侵霸中国为矢的,对大江南北、黄河上下、白山黑水、西域大漠进行周密的社会调查,其积累的调查材料、研究著述及运用的调查方法,经过批判性辨析,可以为我所用,也理当为我所用。这正是国家图书馆影印出版东亚同文书院中国调查文献的宏旨所在。

佛经道经目录浅说

李万健

佛经目录和道经目录，是中国目录学史上最早出现并迅速发展壮大起来的专科书目，已经有近2000年的历史了。两者不仅在佛教、道教发展和研究方面具有非常意义，在目录学和学术史上也有着十分重要的地位。直到今日，它们仍然是佛学、道学、目录学，以及其他许多学术研究中不可或缺的重要工具。

一、佛教及佛经目录

佛教是世界上三大宗教之一，创立于古印度，已经有3000多年的历史了。大约在西汉末、东汉初，佛教传入中国。到魏晋时，中国佛教基本创立。南北朝时佛教又有了大发展，并开始中国化。隋唐之际，佛教教义大发展，宗派纷呈，佛教艺术的中国特色浓厚，达到了成熟的地步，十分兴盛。宋代时，整理、印造的佛经文献非常之多。唐宋间佛教发展到了顶峰。而元明清诸代，理学兴，佛教盛期渐去，但仍长时期对社会发挥着影响作用，与儒道及民间宗教融合流传，延续发展。

中国的佛经目录也随着佛教这样的发展脉动，在魏晋时创立，南北朝大发展并逐渐成熟，至隋唐时壮大，唐宋之际发展到顶峰，一步步行进，很快成为目录学家族中的重要一员。

佛经目录对于传统目录学的发展，起到了重要作用。单就目录编制来说，佛经目录在审阅图书、著录及类分图书方面做得非常细致、科学，为普通图书编目提供了经验，树立了榜样。对此，梁启超曾有过精辟论评："其所用方法，有优胜于普通目录之书者数事：一曰历史观念甚发达：凡一书之传译渊源、译人小传、译时、译地，靡不详叙。二曰辨别真伪极严：凡可疑之书，皆详审考证，别存其目。三曰比较甚审：凡一书同时或先后异译者，辄详为序列，勘其异同得失……四曰搜采遗佚甚勤：虽已佚之书，亦必存其目，以俟采访,令学者得按照某时代之录而知其书佚于何时。五曰分类极复杂而周备:或以著译时代分,或以书之性质分……同一录中各种分类并用,一书而依其类别不同,交错互见,动至十数,予学者以种种检查之便。吾侪试一读僧祐、法经、长房、道宣诸作,不能不叹刘《略》、班《志》、荀《簿》、阮《录》之太简单,太素朴,且痛惜于后此踵作者之无进步也。"梁启超用事实说明佛经目录于著录、分类上比刘向、刘歆《七略》、班固《汉书·艺文志》、荀勖《中经新簿》、阮孝绪《七录》这些普通书目更科学、实用,深感一般书目的编制,应好好向佛经目录学习。事实上,佛经目录对传统目录学发展的确起到了很大影响和促进作用。

佛教及佛经目录的发展壮大,使它在传统的书目分类法中曾一度占有特殊的地位。在很长时间里,它是同普通书目混合编制、一起发展进步的。晋荀勖所撰四部书目《中经新簿》就收录了佛经图书。南北朝时,宋元嘉八年(431)编撰的《秘阁目录》中,收有400多卷佛经。南朝齐王俭编撰的大型综合性书目《七志》则更进了一步,将佛、道经书于七大类之外单列附录两类,一为道经,二为佛经,予以特殊地位。大约于王俭编《七志》后50年,梁阮孝绪撰《七录》,就干脆将佛经、道经两类书列为七大类的正式类目。可见当时佛教、道教地位之重要,佛、道经书之繁众。到了唐撰《隋书·经籍志》时,四部分类法已经成熟了,魏徵等也同王俭一样,将佛、道经类置于其他类图书之外,于经、史、子、集四部之后附设了道经、佛经两类,以收录释、道经书。此后,大部分综合性书目是将这两类图书著录于子部下的释、道两小类里。实际上,隋唐以后,越来越多的佛、道经藏,是单独编制书目来收录其书的,如唐毋煚就在其所编综合性目录《古今书录》之外,另单编了《开元内外经录》,收录佛、道经书2500余部。后来编印的《大藏经》中也编有佛教经目。而且许多佛教经目是由佛寺佛家自行编撰刊行的。应当说,佛经目录,是目录学史上最早发展起来,并达到兴盛的单行专科目录。

东汉时期,就开始有人去印度取经,抄录、翻译的经书日渐增多。为便于管理和使用这些经书,佛经目录便应运而生了。从汉魏到隋,仅见于文献记载的佛经目录就有40多种。唐宋又有大增。北宋时,雕版印刷术已发展成熟,并用于刻印经书,佛教经典《大藏经》也开始刊版行世了。这就使佛经及其目录的编印、传播更为兴盛了。

至今可知的、我国最早的佛经目录,是魏晋时期的僧人朱士行所编《汉录》。朱士行(203—282),颍川(今河南禹州)人,据说他是汉人中出家之第一人。《汉录》是记录汉代所译佛经的总目。自此之后,佛经目录层出不穷,其重要者有如下所举:

综理众经目录,(晋)释道安撰。道安(312—385),常山扶柳(今河北冀州市)人。12岁出家为僧,一生致力佛学,声名彰显。其所编《综理众经目录》,收录了自汉至晋的译经17家、计247部,失译(者)经134部,古译经92部,难辨真伪的疑经26部,以及他自己译注的佛经18部等。其著录以年代为次,每书后标列译经年月。《综理众经目录》首开编制综合性佛经目录先河,为后人记录了400年来中国佛教从开端到形成阶段的经典,可谓我国佛经目录的奠基之作。诚如著名目录学家姚名达言:"安诚无愧为佛录开山之祖矣!"此目久佚,所幸其大部分被收入南朝梁释僧祐编撰的《出三藏记集》第二部分中,由此可窥其概貌。

出三藏记集,(南朝梁)释僧祐撰。僧祐(445—518),彭城下邳(今江苏邳州市)人。年14出家定林寺,刻苦研求经学,成为一代律学大师。《出三藏记集》是我国现存最早的佛经目录。此目计15卷,收录佛经2162部、5310卷。全书分为《撰缘记》一卷、《诠名录》四卷、《总经序》七卷、《述列传》三卷四大部分。《出三藏记集》在佛学和佛经目录学史上具有重要地位和意义:其一,它为后人保留了多方面的珍贵资料,为后学和研究提供了方便。例如,经目中关于佛典来历及译经方法、过程的记述,大量关于名僧事迹的记述,等等,可以说是我们今日所知佛教历史情状的重要来源,宝贵非常。其二,它收录了我国第一部综合性佛经目录《综理众经目录》的内容,为我们记录下了晋之前的经目,使其不至佚亡。其三,对佛经目录的分类、编目有许多重要贡献,其中僧祐采用的辑录众经之序记为一经做解题的做法,实为后世所谓辑录体书目编制法之滥觞。

众经目录,(隋)释法经等撰。开皇十四年(594),牛弘奉敕编撰《众经目录》,遂诏大兴善寺沙门法经等20余人执其事。是年成《众经目录》七卷,著录佛经2257部、5310卷。此目之分类体系严密、明了。它先将佛经教义作为一部分,杂著分为另一部分;教义再分大小乘两类,其下又各自再分,共列出36小类。杂著部分按体裁分为抄录、传记、著述三类,其下各自再分,共分出42小类。如此,形成了一个严整、细密、明了的经目体系。这种既按佛教思想体系,又按经书传译情况和文体来分类的思想,是南朝齐重要佛录《众经别录》分类思想的继承和发展,对后来更为科学的佛经目录编制具有重要影响。

历代三宝记,(隋)费长房等编撰。费长房,成都(今四川成都市)人,曾为僧侣,后还俗。隋开皇间入翻经厂译经。历时10余年,撰成此录。全目15卷,计著录佛经2116部、6235卷。分帝年、代录、入藏三大部分。帝年,记周至隋之佛教史迹及出经年表;代录,是各朝代的译经记录;入藏,即隋代当时所存佛经的分类目录。全书之后有序目一卷。目录编制周密完善,水准极高,是继僧祐《出三藏记集》之后又一部高质量的佛经目录。当代著名文献目录学家王重民先生曾盛赞道:"论其组织完密和实际效用,应该说是我国专科目录中最完善最典型的一种。所以,唐代的佛经目录,又在费长房的基础上,获得了进一步的提高,使佛经专科目录的成就达于极盛。"

大唐内典录,(唐)释道宣撰。道宣(596—667),丹徒(今属江苏)人。16岁为僧习律。贞观间曾受诏与玄奘译经,阅习佛法50余年。有《广弘明集》《法门文记》《三宝录》《续高僧传》等著述200余卷。凭着对佛教的深解和极高造诣,他决心为光大佛学而编撰一部高质量的佛经目录。于是便参酌群目,勘阅详订,吸收了僧祐《出三藏记集》、费长房《历代三宝记》之优长,于唐麟德元年(664)撰成《大唐内典录》十卷。此经目分为十录。其中,历代众经传译所从录,将费长房《历代三宝记》之内容全部纳入;入藏录,记录当时所有佛经800部、3361卷,按类编排。目录中最具创造性的是历代众经举要转读录,是从有数个译本的一种经书中选定、推荐一个最优秀的译本。例如,《华严经》有十几个译本,此目推荐了陀跋陀罗的译本。对于这种做法,梁启超给予了高度评价,他说:"宣公本篇于异译别行诸经,各择其最善之一本为代表,其裨益于读者实不少。著书足以备学者之顾问,实目录学家最重要之职务也。"

开元释教录,(唐)释智昇撰。智昇是长安崇福寺高僧,人称其"义理悬通,二乘俱学","文性愈高,博达古今"。此目撰成于唐开元十八年(730),计20卷。著录汉至唐开元十八年所出佛典2278部、7046卷。目录分为总录、别录两大部分。总录著录汉到唐之佛经,记译经岁月,有译者小传;别录根据译本情况,分为七录,如有译有本录、有译无本录、之派别行录,等等,著录不同情况的经本。智昇继承并发展了僧祐以来的佛经编目方法,目录具有分类细密、检索方便、注释详明等优点。除《开元释教录》而外,智昇还撰有《开元释教录略出》四卷、《续大唐内典录》一卷、《续古今译经图记》一卷等。

大藏经纲目指要录,(宋)释惟白撰。惟白系东京(今开封)法云寺住持。(宋)崇宁二年(1103),他奉旨游天台,至金华山智者禅寺,阅大藏经,于次年撰成此目。经目共收佛经1049种,每书皆撰提要。其提要先述书之大旨和内容,再对经论作辨析,以指导阅读。提要之言语生动、辩论清晰,发人深省,是此目一大特色,被姚名达誉为"在佛录中,允推为至高无上之解题杰作"。

大藏圣教法宝标目,(宋)清源居士王古撰。王古,字敏仲,东都(今河南开封)人。徽宗时官至尚书。释克己为此目所作序言,说他"读经该贯,演义深玄,举教纲而目张”,使所撰经目令“全藏义海了然于心目之间”。此目著录较简略。与惟白《大藏经纲目指要录》比之,一详一略,相得益彰。

至元法宝勘同总录,(元)释庆吉祥等编。元世祖至元间曾敕修《弘法藏》。命高僧合台萨里召集叶琏、湛阳宜思、尾麻罗宝利、庆吉祥等近 30 僧众,采用多种经本,精审严雠,勘定成《弘法寺藏》。又命三藏义学沙门庆吉祥用蕃汉本参订《大藏圣教》,华梵对辨,各标题名,记述了经书藏传、汉传之中产生的不同之处,编成经目,名之《至元法宝勘同总录》。“法宝”即佛教经藏,“勘同”系校勘异同。目录序次诸代译经先后,以大小乘教分列类目,著录佛经 1440 部、5586 卷。此经目分为总叙和正文两大部分。总叙又分为四:其一,“总标年代,括人法之宏纲”,记录自后汉明帝到元至元间各代译经部数;其二,“别约岁时,分记录殊异”,记汉到元译经人及译经数目;其三,“略明乘藏,显古录之梯航”,著录前人经典佛录所记经、律、论部数;其四,“广列名题,张今日之伦序”,标明本目录的分类,记载收经部卷数。目录之正文部分,是按类著录各经书。先录梵语经名,后录汉语经名并译者,等等。此目分类科学,雠校精慎,学术价值高,便于检用,影响较大。明智旭《阅藏知津》之编撰,就受到其影响。

南藏目录,(明)葛寅亮编。葛寅亮,字冰鉴,号屺瞻,钱塘(今浙江杭州)人。万历进士。万历三十五年(1607)主持南京祠部,为南京报恩、栖霞等寺庙撰碑文 10 余通。编有《金陵梵刹志》五十三卷,述金陵(今南京)诸寺庙沿革、制度等,为研究南京佛刹及佛教史之重要文献。《金陵梵刹志》第四十九卷为《南藏目录》。《南藏》即《永乐南藏》,又称《再刻南藏》,系在《洪武南藏》基础上增删、重编而成的,在分类编排及取舍上,品质较《洪武南藏》都有提高,直到清初尚在刊行。《南藏目录》著录了《南藏》所收经书 1610 部,对研究和使用《南藏》很有帮助。

阅藏知津,(明)释智旭撰。智旭(1599—1655),俗姓钟,名际明,字振之,法名蕅益,号八不道人。吴县(今江苏苏州)人。曾于九华山及龙居、温陵、石城等八寺研习佛教,遍阅经藏,著述丰厚。智旭阅经,边阅边记。年久,积经目手稿成书,名之《阅藏知津》。此目计 44 卷,收录宋金刻《大藏经》所收佛典 1773 部。每书均撰提要。其重要特色,是敢于冲破隋唐而下佛教经籍分类先分大部,再按经、律、论、杂分列之成规,改为先列经、律、论、杂四藏,再各分小类,创造了一个新的、更符合佛教经籍实情的佛经分类体系,对后来的佛经分类编目产生了深刻影响。

二、道经目录

道教是我国本土产生并发展起来的宗教。道教虽尊奉老子为道祖，但老子并没创立道教。老子主张崇尚自然、清净无为的思想，与道教相信神仙、冀望长生不老、白日升天的信条完全不同。道教是集古代巫术、神仙、方士之说，与阴阳谶纬之说混合而形成的。大约在东汉顺帝时，于吉作《太平经》170 卷。钜鹿人张角曾以此为号召，组织太平道并起义，后失败。与此同时，沛人张陵于东汉永和六年（141）作道书 24 篇，并创五斗米道。此后，道教逐渐兴起。三国时，葛洪开始整理道教经义，确立道教学理，推动了道教发展。他编撰了第一部道教经目《道书目录》。

葛洪（284—364），字雅川，号抱朴子，丹阳句容（今江苏句容）人。东晋道教理论家，炼丹术家。其基本思想，是以神仙养生为内，儒术应世为外。有《抱朴子·内篇》，记述其炼丹方法。他在《抱朴子·释滞篇》中说："道书之出于黄老者，盖少许耳。率多为后世之好事者各以所知见而滋长，遂令篇卷至于山积。"为了让"好道者知异书之名目"，他在《抱朴子·遐览篇》中记载了其老师郑隐所藏汉魏至晋初的《道书目录》。这一《道书目录》分为两大类：一类是道经，包括经、图、记、录、法、律、集等类图书，共 204 种、678 卷；另一类为符，包括大符 57 种、500 余卷，小符无计。共记录道经 1200 余卷。

自两晋到南北朝刘宋，历 160 年，道教发展极快，但道经繁而滥。明帝时道士陆修静编撰了我国第一部独立的道经目录《三洞经书目录》。

陆修静（406—477），字元德，吴兴（今浙江吴兴）人。早年修道庐山。南朝宋泰始三年（467）到建康，广集道藏于崇虚馆，得经书、方药、符、图等，计 1228 卷，奠定了道藏基础。泰始七年（471）撰成《三洞经书目录》。此目将道经以道义分为洞真、洞玄、洞神三大类，共 1228 卷。自有此一目，道藏立矣。

继陆氏《三洞经书目录》之后，又有孟法师的《玉纬七部经书目》。孟法师为何人，已不可考。据载，七部，即"三洞"再加上"四辅"。孟氏的七部分类方法，对道经分类体系发展，具有重要贡献。

隋炀帝曾命道士编撰了《道书总目》四卷。至唐代，朝廷以老子为远祖，尊其为"玄元皇帝"。因而道教地位崇高，道教经书日多，道经目录也有很大发展。唐政府曾建玄都观，召集道士来此编撰经目，成《玄都观一切经目录》。后又有尹文操撰《玉纬经目》，收道经 7300 余卷。唐明皇御制道经目录《琼纲目》,著录道经5700余卷,著名目录学家毋煚作《开元内外经录》,收道经2500余卷,等等。

宋代,道教经书整理、刊印很受重视,编撰了一批道经目录。而且,许多经目都是皇帝亲命高官领衔主编的。可见宋廷对发展道教、整理道经之重视。宋代编撰的道经目录,重要者有如下诸种:

道藏目录,(宋)徐铉等编撰。徐铉(916—991),字鼎臣,扬州广陵(今江苏扬州)人。五代、宋初文字学家,官至散骑常侍。宋太宗命徐氏领衔整理道经。先后共收集经书7000余卷,徐铉等人负责校勘、整理,去除重复,得书3737卷,编为《道藏目录》。这是宋代编刊的一部很重要的道经目录。

宝文统录,(宋)王钦若等编撰。王钦若(962—1025),北宋临江军新喻(今江西新余)人。官至宰相。曾领衔编纂《册府元龟》。宋真宗时,王钦若受命与戚伦及道士朱益谦、冯德之整校道经,并以徐铉《道藏目录》补之。分为"三洞""四辅"七部,记录道经4359卷,赐名《宝文统录》,又称《三洞四辅部经目录》。

宋万寿道藏经目录,《万寿道藏》计540函、5481卷,是现存我国最早的道教经典。它是使用宋徽宗时搜集的道书做底本,于福建闽县雕版印造的。这是我国第一部印刷本道经丛刊,按"三洞""四辅"、三十六部的分类体系编排,距今已有近千年的历史了。据载,有《宋万寿道藏经目录》十卷,记录此道经丛刊所收经书,但此经目早佚,其具体情状已无可考。

至金、元、明、清,道教经典及其目录,已远不及宋以前为盛。金元关于道经目录的记载就已经比较少了。明代有《道藏目录详注》等。

道藏目录详注,(明)白云霁编撰。白云霁,字明之,号在虚子,上元(今江苏南京)人。明南京朝天宫道士。此目成于明天启间,计4卷。各书下记撰人,附子目,摘录原书序文。其后附有《大明续道藏经目录》一卷。

长期以来,佛道经目很少有集中印行者,旧有目录少且分散难得,对于佛道学习和研究,极其不便。鉴于此,国家图书馆出版社组织编辑出版了《国家图书馆藏佛道教书目题跋丛刊》,收辑了国家图书馆藏,也是国内现存的绝大部分佛教、道教经典目录,包括佛录45种,道录9种,具有很高的学术和使用价值。在编辑整理中发现,《大中祥符法宝录》二十二卷(缺卷一至二、九、十九、二十一至二十二,卷五残),《天圣释教总录》三卷(缺上卷),《景祐新修法宝录》二十一卷(缺卷三、五、七、十一、十五、十九、二十,卷八、十残)。以上三种本书原已失佚,仅留其名,民国二十二年(1933)于山西省赵城县广胜寺发现所藏之《金藏》本,原《金藏》本子就有所缺漏,我们此次用的《宋藏遗珍》的本子，就是《金藏》的影印本。因为很重要，所以仍予收入。应当说，《国家图书馆藏佛道教书目题跋丛刊》的编纂出版对佛教、道教及两经目录研究、发展必将大有助益。

包罗万象　汇聚珍稀

——《民国文献类编》出版说明

李　强

"民国时期文献保护计划"启动于2011年,得到文化部、财政部的大力支持。该计划旨在通过文献普查、海内外文献征集、整理出版,以及文献保护技术研究等各项工作的开展,切实有效地抢救与保护民国时期文献。当前,在各成员馆的积极参与下,"民国时期文献保护计划"成绩斐然,民国文献的"家底"逐步摸清,一大批珍稀民国文献陆续被发现。为了使这些珍稀文献得到全方位的展示,使"民国时期文献保护计划"的成果能够更好地为社会服务,民国时期文献保护中心与中国社会科学院近代史研究所合作,出版了这套大型民国丛书——《民国文献类编》。

《民国文献类编》共分社会卷、政治卷、法律卷、军事卷、经济卷、教育卷、文化艺术卷、历史地理卷、医药卫生卷、科学技术卷等十卷。合计收录文献3000余种,成书1000册,总目单成一册。

《民国文献类编》确定的选目原则,是以存世较少、较为珍稀的官方出版物、机构出版物、内部文件为主。之所以要确定这一原则,是因为在浩如烟海的民国文献中,这类文献占据了相当大的比例,而且它们与专业出版机构的出版物相比,在编辑者、文献内容、出版与发行等方面都有自己的特别之处:其编辑者一般很少是个人作者,主要是该部门、机构,或者是由它们组成的编委会;其文献内容也很少是理论著述、个人作品集,主要是该部门、机构的人员名录、工作报告、会议记录、年度总结、周年纪念等;它们一般是由本部门或机构内部出版,只少量印刷,一般不公开发行,主要通过与相关单位交换、向特定人士赠阅的方式,在有限的范围内流通。

民国时期的官方出版物、机构出版物、内部文件,具有自身特有的价值,具体表现在:

一、大多为珍稀文献。这些出版物因为是内部出版并有限流通,在当时存量本来就很小;而它们一般又都收藏于政府部门或机构,经过时局的动荡和政权的更迭,以及机构的裁撤,很多都已经散佚,留存下来的实属凤毛麟角,个别甚至是孤本,具有较高的文献价值。

二、是档案的有效补充。如当时在重要会议后出版的纪念册,就有大量的会议照片,以及会议日程、纪要、相关评论等资料,与存世的档案可以互相补充。特别是相关的机构、协会,新中国成立后很多都已经不存在,其档案未能完整保留,甚至完全不知所踪,因此其出版物的价值就更凸显出来。个别文献甚至本身就是档案的一部分,如手写本的《内政部工作日记》,逐日记载了内政部 1944—1945 年间的收发文电、工作项目述要等重要信息,只是因为收藏于图书馆,才未被称为档案。

三、记载了政策、法令等的具体实施情况。这些文献,涵盖了工作计划、行政会议、实施概况、总结报告、事后检讨等全过程,与相关法令、政策、纲领等对比研读,可以发现其运作机制,以及实施过程中的相关变化、各地具有的不同特点,在一定程度上能避免笼统和以偏概全。如抗战时期各地县级参议会的会议记录、提案汇编等,就反映了该地基层民主的具体实践,以及地方政治生态的不同特点。

四、弥补了日记、回忆录的不足。这些文献,虽然不乏官样文章,然而举凡人事任免、机构沿革、人员名录、会议记录等,都有详细的记载。如本书中收录的大量人员名录,不仅记载有相关人员的姓名、籍贯、年龄等,有些还有照片、履历、住址、电话等重要信息。而时人所著之日记,以及后来撰写的回忆录,因主观原因或时代久远,错讹之处在所难免,可以用上述文献进行校正。

《民国文献类编》各类的具体内容如下:

社会类为全书的第一—五七册,主要内容为:一、乡村建设,包括有关乡村建设的研讨及实践;二、社会福利,包括妇女福利、儿童福利的状况及研究;三、社会救济,包括各类救济机构的会员名录、工作报告、成绩概要、征信录,各地社会救济的状况,以及部分孤儿院、慈幼院的相关数据;四、社会行政,包括禁烟、禁毒、禁赌运动的宣传与实施,以及社会部与各地社会行政机关的施政状况等;五、社会团体,包括各种社团的章程、人员名录、周年纪念、会务报告等。

政治类为全书的第五八—二五七册,主要内容为:一、政治理论,涉及政治学、政治思想等方面;二、民众运动,涉及民国时期工人、农民、青年、妇女等各类运动的法规章程、团体概况等方面;三、政策、政论,收录了中央文告汇编、政论合集、报刊社论时评等;四、中央政治,涉及人员名录、职官任免、内政工作、警政统计、民政工作、边政工作、政治宣传、华侨问题等方面;五、地方政治,收录各省市县政府机关团体所颁布的章则文告、行政计划、施政报告、政绩比较、会务纪要、年鉴统计、市政概况、县政概况、地方自治情形等方面；六、外交与对外关系，涉及外交文件、外交政策、外国对华政策、外交部工作报告与职员录、租界与租借地问题等。

法律类为全书的第二五八—四〇七册，主要内容为：一、中央和地方法规汇编；二、各种法律，包括有关宪法、行政法、民法、婚姻法、继承法、商法、刑法、诉讼法等方面的法律和理论著作；三、立法，包括立法院的议事录和议事日程等；四、司法，包括司法院、工作报告、司法判例、解释例与案例等。

军事类为全书的第四〇八—四二五册，主要内容为：一、军事理论，包括军事学教程等；二、中国军事状况，包括军事人员、军事教育、军事法规、军事编制等方面的内容。

经济类为全书的第四二六—六五五册，主要内容为：一、中国经济概况，包括经济法规、经济调查、会议纪要，以及各省市经济发展概况等；二、经济计划与管理，包括各重要城市工资指数、合作经济概况等；三、各类产业经济，包括农业、工业、交通运输、邮电等方面的工作报告、会议纪要等；四、贸易，包括国内贸易和对外贸易等方面的工作报告、关税税则等；五、财政，包括中央和地方财政岁入岁出报告书、财政会议纪要，以及盐政、田赋等各种税收等具体情况；六、金融，重点收录了银行等金融组织的营业报告书等。

教育类为全书的第六五六—八七五册，主要内容为：一、教育行政，包括国民政府教育部工作报告、教育法规和全国性的教育会议等；二、教育社团，包括中华教育改进社、中国教育学会等教育社团的社务报告、简章、年报等；三、各地教育，包括各省市教育行政工作报告、年鉴、概览、地方性法规等；四、各级教育，涉及幼儿教育、初等教育、中等教育、高等教育、师范教育等方面，包括各级教育法规、课程标准等，以及学校概览、章程等；五、华侨教育，包括相关会议报告、教育方案、立案标准及指导书等。

文化艺术类为全书的第八七六—九〇七册，主要内容为：一、文化机构和团体，包括各类文化事业团体、民众教育机构、公园、博物馆、科学研究团体等的规章、发展概要、会议记录等；二、美术与摄影，包括美术作品、摄影作品的展览特刊、作品集；三、戏剧艺术，包括戏剧艺术团体的公演手册、演出特辑、纪念特刊、发展状况等。

历史地理类为全书的第九〇八—九七〇册，主要内容为：一、重大历史事件，包括甲午战争、义和团运动、辛亥革命、五四运动、抗日战争等历史事件的摄影集、经过纪实、纪念刊、舆论宣传等；二、人物传记，包括民国人物的年谱、行状、言行录、哀思录等；三、地理，包括各地的基本概况、风土人情，以及相关的风景名胜、旅行指南、游览指南等。

医药卫生类为全书的第九七一——九九四册，主要内容为：一、卫生行政，包括卫生署、卫生部的职员录、施政计划等，以及地方卫生行政机关的工作报告；二、医学社团，包括中华医学会、全国医药团体总联合会等的会员录、会务报告等；三、疫情防治，包括中央防疫处的概况、年度报告等，以及各地防疫工作的报告；四、医院报告，包括北平协和医院、仁济医院、中央医院等医院的年度报告、工作概况等；五、各地卫生状况，涉及北平、广东各地的卫生基本状况。

科学技术类为全书的第九九五——一〇〇〇册，主要内容为：一、科学技术协会，包括中国技术协会、中国物理学会、中国化学会等的概况、会议记录、年会报告；二、天文气象，包括国立中央研究院天文研究所、青岛市观象台等的年度总结、行政报告、成立经过，内政部所编 1932—1934 年间的全国雨量报告，以及各地的气象统计与气象事业发展概况；三、地质调查，包括实业部地质调查所、中国地质学会等调查机构的概况、年报。

本书能够顺利出版，最需要感谢的是各图书馆的大力支持。在民国时期文献保护中心的统筹下，各收藏机构积极支持，使得分藏于各地、各馆的珍稀民国文献能够全方位地开发，因此本书的出版，是图书馆界通力合作的结晶，可谓文化界、图书馆界的盛事。而正是因为有了地方各省市级图书馆的参与，本书才得以收录了大量的地方文献，兼顾了各地民国文献的不同特色，反映了民国各地的具体状况，适应了地方史研究不断深入的需求。

关于本书，还有以下几点需要说明：

一、本书收录文献时间跨度为 1911—1949 年，文献类型以图书为主，包括平装书和线装书，报纸、期刊暂不收录。

二、为避免重复，其他大型丛书，如《近代中国史料丛刊》（文海出版社）、《民国丛书》（上海书店）、《民国史料丛编》及其续编（大象出版社）等已影印的部分，以及本社已经影印出版的民国文献，本书一般不再收录。

三、每一类下文献的编排，基本以《民国时期总书目》为序，以方便读者对照查找。

四、书名、作者、出版者、出版年等项目的著录，主要参考了《民国时期总书目》，并对其中明显的错误进行了更正。

《衢州文献集成》前言

黄灵庚　诸葛慧艳

衢州处浙水之上，北接徽府，西连江右，南扼闽越，东通钱塘，所谓东南四达之府，兵家必争之地也。观其形势，抱古田而怀马金，襟栖霞而带须女，负三衢以环金川，踞龙丘而映瀔水，而衢府雄居于中，烂柯列屏障，乌溪临深池，浮石兆文兴，鹿鸣聚衣冠。稽其舆地，分野系牛女之墟，《禹贡》属扬州之域。春秋称姑蔑，秦汉附会稽。秦始立县，署称太末。孙吴立郡，隶归东阳。唐置州府，领摄五县。嗣后或州而县，或县而市，惟舆地所及，犹存其旧焉。

南宋以来，随着中国古代政治、经济重心南移，衢州的地位逐渐提升，学术文化也随之发展。衢州地处闽、浙、赣三省之界，是浙学、闽学与心学交汇必经之地。衢州学人涵泳于中华主流学术中，不断有著述问世，学术文化比较兴盛，故"号称邹鲁"。衢州古代学人著述丰富，曾撰述1500余种著作，经、史、子、集各部类著述皆有，虽然大多散佚，但仍有不少价值较高的著作传世。近代以来，衢州也产生了一批有影响力的学术人物，如余绍宋、毛子水、方光焘、华岗、毛汉光等，他们在各自学术领域卓然成家，备受学术界推崇。此将衢州古代著述按经、史、子、集四部类分别介绍，对其中有价值、有影响的著作稍作评述。

一、衢州经部著述

衢州学术绝不是边缘学术，而是始终融汇于大中华主流学术文化之中，经学著作在现存衢州文献中处于显著地位。南宋时，朱熹、吕祖谦等一批理学大师来衢讲学，他们所培养的弟子中有不少是衢州人，如朱熹有弟子邹补之等，吕祖谦有弟子刘克等，另有师从杨时的徐存、柴禹声等。在明代，周积、祝鸣谦、栾惠等皆继承王阳明衣钵，在衢州传播阳明心学。在此背景下，衢州古代的学人各自著书立说，注重阐发儒学经典，于十三经各部类皆有著作。

经部之首是易学。衢州学人阐发《周易》著作甚多,可考者有 50 余种,著名者有徐庸、徐敷言、柴翼、江泳、徐霖、吾丘衍、鲁贞、郑伉、方应祥、周一敬、赵世对诸家,其学说或继承程朱理学,或传承陆王心学,亦有另辟蹊径、自立一说者。现存著作有明儒方应祥《周易初谈讲意》六卷、《新镌方孟旋先生羲经鸿宝》十二卷和清人赵世对《易学蓍贞》四卷。方氏《讲意》主旨在于阐发伏羲、文王、周公、孔子四圣创作《周易》之初意,发人之未发,今存此书为明末写样待刻稿,弥足珍贵。

衢人治尚书学者不少,曾有著述约 15 种,传世著作有宋人毛晃《禹贡指南》四卷、夏僎《尚书详解》二十六卷。毛氏《禹贡指南》是一部有影响的《禹贡》经解著作,在资料引证方面,不拘泥于经典,在宋人经解中相当具有代表性。清乾隆时,从《永乐大典》中辑出此书,乾隆帝亲自为《禹贡指南》题有《六韵》,并详细为此书作注释,足见其影响。夏僎《尚书详解》以宋儒林之奇学说为主旨,同时博采众家之长,为南宋解《尚书》重要著作之一,能够与吕祖谦《书说》相提并论。陈振孙在《直斋书录解题》中称夏书"便于举子",明初则定为科举考试用书,可见此书甚有影响。

衢人对《诗经》的阐释,宋、明、清三代有 15 种,现存仅刘克《诗说》十二卷(附《总说》一卷)。宋代理学诸家解说《诗经》,有废小序者,有守旧说者,废小序者为朱子,尊古注者乃东莱。刘克《诗经》之学,出于吕东莱,其书体例虽与吕氏《读诗记》相同,然互有去取,也不尽从祖谦之说。

衢州古代"三礼"著述有 10 余种,惜皆不存。元人吾丘衍有乐类著作两种,明人何初、方逢辰和江樊各有《孝经》之注解,现皆散佚。

衢州学人治春秋经,撰有著作 20 余种,其传世者有宋代沈斐《沈先生春秋比事》二十卷、明代余敷中《麟宝》六十三卷。《四库全书》收录《春秋比事》,馆臣认为作者沈斐为湖州人。现据元人吴师道《古三坟书后题》,及今存宋绍兴十七年(1147)婺州州学刻本《古三坟书后叙》所题"三衢沈斐书",皆可证沈斐是衢州人。《礼记·经解》曰"属辞比事,《春秋》教也",沈氏将春秋大事分类编排,较有价值。

自宋代以来,衢州先儒有不少五经总义类著述,可考者有 20 余种。杨时弟子徐存曾撰《六经讲义》,宋人江少虞曾撰《经说》,明人吾尋撰有《五经解》、詹莱有《七经思问》,清郑光璐辑有《五经逸注》、詹绍治有《五经辑要》、孔昭晙有《五经详注》、叶廷垣有《十三经经解》等,惜多散佚,仅毛居正《六经正误》六卷传世。居正为毛晃之子,父子二人都为宋代有重要影响的学者。《六经正误》乃正《周易》《尚书》《毛诗》《礼记》《周礼》《春秋三传》之误,校勘其异同,订正其讹谬,能让后生晚学祛蔽寤疑,确实有补于经学。

随着宋、明理学的发展，四书学日益兴盛，衢州亦然。宋人为《论》《孟》作注者有徐存、邹补之、刘愚诸家，解《中庸》者有徐存、郑若、江泳等人，而明清多为四书合解之作。合计宋元明清四书类著述有30余种，至今可见者仅有詹文焕《四书合讲》十九卷。一般认为《四书合讲》为翁复之作，也有看作翁复与詹文焕合编而成。今考此作实乃詹文焕所撰，翁复为本书资助刊行者。自宋代儒家阐发《四书》精意以来，部帙即繁，指归复异，初学之士未能遍观。詹氏总括宋儒以来诸说，旁参互证，使繁者简而异者一，《合讲》因便于学子科考之用，故曾风行海内外，不断翻刻。

衢州古代学人在文字学、音韵学方面皆有创获，其小学类著作近30种，较之宁波、金华，绝对处于领先地位。衢州学人在经学领域，以小学成就最为突出。衢州所撰小学类传世著作有8种，学术价值极高。宋有毛晃《增修互注礼部韵略》，其子居正校勘重增，此乃指导科举古赋用韵而作，对后世影响很大；元至正后，此书逐渐取代“平水韵”系韵书之地位，为古赋押韵共同遵守之范本；明初纂修《洪武正韵》，就是由《增韵》改并删订而成的。元有吾丘衍《周秦刻石释音》一卷、《续古篆韵》六卷，另有朱宗文增订《蒙古字韵》二卷。明人叶秉敬有《字孪》四卷、《韵表》三十卷、《声表》一卷。《字孪》乃小学入门重要著作，清代学者李慈铭为《字孪》作批注，称其在明人中最为有功小学。《韵表》《声表》审音、辨音精准，其编排方式便于把握拼切原理，成为沟通“平水韵”与《洪武正韵》之桥梁，在音韵学方面甚有价值。清有徐钟郎《读诗韵新诀》二卷，此书为便作近体诗之用，富有价值。

二、衢州史部著述

北宋以后，衢州史部文献不断出现。黄灵庚先生在《婺州文献述要》一文中曾指出，浙东学派比较讲究实际，分外注重史学。衢州地近婺州，属于浙东学派范畴，也分外注重史学，比较重视致用，故尤以奏议、政书、地理类著述为多。

在衢州史部著述中，正史、编年、史抄类皆有，共有近10种，今皆不传。衢州传记类著作约20种，杂史类著述有30余种，其中传世之作亦不少，宋有赵抃《御试备官日记》一卷、程俱《韩文公历官记》一卷、孔传《东家杂记》二卷、卢襄《西征记》一卷，明有徐日久《徐子学谱》不分卷，清有杨昶《珠官初政录》三卷、陈埙《忠孝录》《西安真父母记》各一卷、罗以智《赵清献公年谱》一卷、詹熙《宋赵清献公年谱》和《衢州奇祸记》。这些著作各有其价值，《东家杂记》为学林熟知，价值无须赘言。《御试备官日记》记录北宋嘉祐六年

(1061)殿试过程,为研究宋代殿试制度提供难得之具体资料。《韩文公历官记》为韩愈历官年谱,对于研究韩愈有重要参考价值。《珠官初政录》记载杨昶任广东合浦县知县时所审理案件,透过案情可以了解当时行政制度、社会生活诸层面。衢州杂史类著述,不仅有衢州学人撰述,亦有非衢州学人记述衢州的著作传世,清代杨葆光有《龙邱戢匪纪略》一卷、陶寿祺《守衢纪略》一卷、余乾耀《同善录汇编》二卷,对于研究清末社会、经济诸方面皆有价值。

衢州地理类著述比较丰富,方志、边防、山水、游记、杂记等属类皆有,其中衢州学人撰述著作有20余种。今存者明有周一敬《甘肃镇考见略》不分卷和释传灯《天台山方外志》三十卷、《幽溪别志》十六卷,清有杨廷琚[康熙]《芦山县志》二卷、徐泌《湘山志》五卷、徐金位[乾隆]《新野县志》九卷、方元启[康熙]《新修南乐县志》二卷。传灯的两种著作详细阐明天台山释、道、儒三教之渊源及发展演变,对研究天台山历史文化以及天台宗史都有很高价值。[康熙]《新修南乐县志》为现存最早南乐县志,此书仅存孤本,较有价值。

除衢人撰述其境外地理著述外,另有80余种衢州府志和各县县志,其中不少为衢州邑人纂修。民国以前,衢州方志有不少传世,有弘治、嘉靖、天启、康熙四朝所修《衢州府志》,有康熙、嘉庆两朝所修《西安县志》和陈埙《西安县新志正误》,有万历、康熙两朝所修《龙游县志》,有万历、康熙、雍正、嘉庆、光绪五朝所修《常山县志》,有天启、康熙、乾隆、同治四朝所修《江山县志》,有崇祯、康熙、雍正、乾隆、光绪五朝所修《开化县志》。民国时,衢属五邑皆编修县志,多按传统方志体例修纂。除衢州府志、县志外,另有不少记载衢州山水志、古迹志之作。见存者山水志之作有明徐日炅《烂柯山洞志》二卷、清冷时中《烂柯山志》不分卷、清郑永禧[光绪]《烂柯山志》十三卷,传世古迹志之作有明沈杰《三衢孔氏家庙志》一卷、清释正龙《仙霞岭天雨庵志》不分卷。另有郑永禧《衢州乡土卮言》,是清末少见的乡土教材。在现存的众多府县志中,其代表作当属余绍宋[民国]《龙游县志》,梁启超为此书作序,称其《氏族考》"为千古创体,前无所承",所创《都图表》,"道理远近,居民疏密,旁行斜上,一目了然"。清代方志修撰首推章学诚,余越园承之,任公称"无实斋则不能有越园","有实斋不可无越园"。越园此志乃民国方志之佳构,得方志界广为推崇。

自宋以来,衢州学人比较注重致用,故政书类著述特多,总计约30种。政书类传世著作也不少,宋代有程俱《麟台故事》五卷,明代有叶秉敬《明谥考》三十八卷和徐日久《五边典则》二十四卷、《骘言》十八卷,清代有徐金位《捕蝗事宜》二卷、徐兴霖《井田图解》不分卷、徐金生《云南矿厂图略》二卷、张德容《岳州救生局志》八卷。《麟台故事》综合记述北宋馆阁制度,对南宋馆阁制度的恢复与完善曾产生积极影响,于保存旧史文献极为重要。《五边典则》汇编明代边事资料,为研究明代边事活动必读之书。《瞽言》重在谈治国之方略,该书所条次国事、边事、古事、今事,条分款列,为衢州学术中经世致用的代表作。衢州古代奏议类著述有20余种,传世者仅有元代郑介夫《太平策》二卷,其有一纲二十目,所言皆切中时弊,有益于世,对研究元朝政治、经济等方面问题具有重要史料价值。

衢州古代还有不少"史评"之作,可考者有10余种,然皆散佚。衢州目录类著述有4种,清代张炤《凤梧书院藏书目》、刘履芬《红梅阁书目》见存。今所存清代张德容《二铭草堂金石聚》十六卷,属金石学方面著作,潘衍桐于《缉雅堂诗话》评其精于鉴别,旨在存真,"各碑跋语自摅心得,无戾于古,而亦不欲强同"。

三、衢州子部著述

衢州子部著述比经部、史部著述都要多,儒家类、武学类、农学类、天文历算类、艺术类、术数类、医学类、杂学类、类书类、道家类、佛教类等皆有,下分别述之。

自宋以后,衢州儒学比较发达,南宋朱子曾讲学于柯山书院,明代深受阳明心学影响,故儒学类著述亦比较丰富,与其相关之家训、蒙学著作亦可归入此类,计有80余种。衢州儒学类著述传世者,宋有袁采《袁氏世范》三卷,清有周召《双桥随笔》十二卷。儒学类著作以《袁氏世范》最为著名,此书为家塾训蒙类著作,通俗易懂,大要明白,于立身处世之道,反复详尽,切于实际,近于人情,故道明可行,传诸不朽,有"《颜氏家训》之亚"之称。《双桥随笔》从儒者立场出发,对传统迷信予以反对,"通道而不信邪,事人而不事鬼,言理而不言数,崇实而不崇虚",崇礼教,斥异端,反淫祀,具有无神论的思想萌芽。

明清衢州名医较多,曾撰述著作50余种。衢州医书传世之作不少,明代有刘全备《合刻刘全备先生病机药性赋》二卷、徐用宣《袖珍小儿方》十卷、徐凤石《秘传音制本草大成药性赋》五卷、杨继洲《针灸大成》十卷。继洲承其家学,参研众书,撰成《针灸大成》,乃针灸学集大成巨著,堪称中国古代医学著作瑰宝。清代传世者医学著作亦不少,有祝登元《心医集》六卷、《祝茹穹先生医印》三卷、《医验》一卷,项文灿《症治实录》不分卷,雷逸仙《逸仙医案》二卷、《方案遗稿》(秋集),雷丰《时病论》八卷、《灸法秘传》一卷、《方药玄机》一卷,江诚、程曦、雷大震《医家四要》四卷。《心医集》为综合性临床医学之作,其"静功妙药"集儒、佛、道静心坐功之法于一,属养生内容,富有价值。雷丰医书以《时病论》著称,其集四时六气之病,总言先圣之源,分论后贤之本,"知时论证,辨体立法";此书刊行以后,广为流传,后人增补批注,影响甚大。

衢州农学类著述有5种,现有清代徐京《艺菊简易》一卷、叶向荣《农林蚕说》。徐京艺菊深得其术,对于各种菊花亦深有研究,《艺菊简易》为难得农学专门之作。衢州天文历算类著作有4种,兵学类著述有6种,惜都已散佚。术数类著作有10余种,可见者仅有3种,宋代有柴望《丙丁龟鉴》五卷,为《四库全书》收录;清末有《赖公衢州府记》《赖太素龙游县图记》,二书皆托名宋人赖太素所作,其实为当时风水大师所撰;二书讲究山川峦头形势,属堪舆学之形势派,堪舆理念当承赖氏《催官篇》,对于研究当时堪舆学有一定价值。衢州艺术类著作有10余种,见存者有元吾丘衍《学古编》二卷。《学古编》卷首《三十五举》为最早研究印章艺术专论,吾氏在古印汉法基础上加以创新,成为中国古代印学理论奠基之作,600年来一直被印学界奉为经典。

衢州小说类著作流传至今者,元代有吾丘衍《三女星传》一篇,收录在明人传奇小说集《剪灯丛话》中。在清末新式小说中,詹熙、詹垲兄弟所著反映社会问题小说颇有影响,詹熙有《花柳深情传》,詹垲有《柔乡韵史》《中国新女豪》《女子权》《花史》《碧海珠》《海上百花传》,皆为传世之作。《醒世新编》是一部首倡"革时弊以策富强"的小说,为当时新小说的代表作,美国汉学家韩南将此书与《熙朝快史》并列为"最早的中国现代小说"。《中国新女豪》《女子权》旨在为当时兴起的妇女运动探寻出一条正确道路,作者试图通过小说的语言向人们昭示,在正确的领道策略斗争下,妇女可以获得应有的权力。

衢州古代著述可归入"杂学"者约有百种,其传世者亦有不少。宋代有江少虞《事实类苑》,元代有吾丘衍《闲居录》一卷。《类苑》内容涉及范围很广,上至朝章典故、将相名臣逸闻逸事、边政外交,下至各地民情风俗、里巷琐事,无所不有,有助于了解宋代政治、经济、文化、社会的诸层面,故王士祯《居易录》称此书为宋人说部之宏构,有裨于史。明代杂学类著作传世者较多,有江东伟《芙蓉镜寓言》、徐应秋《玉芝堂谈荟》三十六卷和叶秉敬《荆关丛语》六卷、《类次书肆说铃》二卷、《理论》二卷、《十二论》一卷。《谈荟》属考证类杂学之作,《四库全书》收录此书,馆臣称其"披沙拣金,集腋成裘","取材宏富,足资采择"。清代杂学类著作有詹熙《兴朝应试必读书》八卷、郑永禧《竹隐庐随笔》四卷、《隐林》四卷。《兴朝应试必读书》为研究戊戌变法在地方社会的反响，提供了不可多得的资料。

宋、明时期，衢州学人编有类书近20种，其传世者宋代有程俱《班左诲蒙》三卷、徐晋卿《春秋类对赋》一卷、孔传《孔氏六帖》三十卷，明代有徐应秋《骈字凭霄》二十四卷、璩昆玉《新刊古今类书纂要》十二卷。《班左诲蒙》乃便于童蒙学习之用，《春秋类对赋》亦便于记诵。《孔氏六帖》乃续白居易《六帖》而作，又称《六帖新书》，其区分汇聚，有益于世。璩昆玉之书内容广博，提挈纲领，训释文义，此书不仅在国内流传，日本也刻本传诵。

衢州古代道家类著述有10余种，今存者有明代张文介《广列仙传》七卷、叶秉敬《庄子膏肓》四卷。《广列仙传》广辑明末以前历代仙人传记，进一步丰富了汉晋以来有关仙人传记的撰述，其汇集之功值得称道。在衢州佛教类40余种著述中，以明代释传灯著述最为宏富，有近30种，其传世之作有《大佛顶首楞严经玄义》四卷、《楞严圆通疏前茅》二卷、《大佛顶首楞严圆通疏》十卷、《妙法莲华经玄义辑略》一卷、《维摩诘所说经无我疏》十二卷、《弥陀略解圆中抄》二卷、《永嘉禅宗集注》二卷、《天台传佛心印记注》二卷、《净土生无生论》一卷、《性善恶论》六卷、《礼吴中石佛起止仪式》一卷、《幽溪无尽大师净土法语》一卷、《观经连环图》。传灯大师被视为佛教天台宗第十九世祖师，在天台宗上升到"台教存，佛法存"的高度中起到关键作用，为天台宗中兴功臣，此诸多著作为其功绩之印证。

四、衢州集部著述

衢州学人多为儒雅君子，文、道并重，在注重个人道德修养的同时，吟咏诗歌，抒发性情。自唐宋以来，历朝历代皆有各具个性、比较著名的文人出现，著作如林。在衢州著述中以集部居多，楚辞类、别集类、总集类、诗文评类、词曲类皆有。

衢州楚辞类著作有清夏大霖《屈骚心印》五卷，此书仍存。姜亮夫于《楚辞书目五种》中评夏大霖书曰："本书于音释文义为详。考定各篇写作时代，亦略有可采。"黄灵庚主编《楚辞文献丛刊》收录此书，其《楚辞文献丛刊·提要》中有言："《离骚》一篇，夏氏承朱子男女比君臣之说，重在阐绎男女君臣之寓意，其创新之所在也。"又曰："夏氏释解《天问》一篇，不蹈前人之成说，别启径路。"可见此书虽非楚辞类名作，亦有可取之处。

唐代徐安贞《徐侍郎集》为衢州文集权舆，此书散佚后，由龙游先贤童佩辑录，今存二卷。安贞诗文较有名气，童佩评之曰："今读其文与诗，并厚重敷瞻，端严警拔，都无凌轹急促之气。”惜其诗文传世者不多，今可见者皆散金碎玉。唐人之作，除衢州学人自撰诗文结集外，另有衢人辑佚、评选、音注唐人著作，现存有明人童佩辑《杨盈川集》十卷、叶秉敬评选《陆宣公文选评》十五卷、宋人祝充《音注韩文公文集》四十卷《外集》十二卷。杨炯之作至明代已散佚，童佩每见其诗文辄录之，诠次而成《杨盈川集》，此书成后，不断翻刻，遂使杨文得以流传。宋代研究韩愈的学者极多，乃至有五百家注韩之说。祝充在前人研究的基础上，对韩愈诗文字词作音切、训释，其注解全面、新颖、独到，对后世有较大影响。

宋以后衢州学人文集层出不穷，衢人宋代诗文集有80余种。现存者有赵湘《南阳集》六卷，赵抃《赵清献公文集》十六卷，程俱《北山小集》四十卷，周彦质《宫词》一卷，毛滂《东堂集》十卷，《东堂词》一卷，毛幵《樵隐词》一卷，方千里《和清真词》一卷，柴望《秋堂集》三卷，柴望等《柴氏四隐集》五卷，毛珝《吾竹小稿》一卷，张道洽《实斋咏梅集》一卷。赵湘为衢州成名最早之宋代文人，欧阳修评其诗文“抑扬驰骋，辩博宏远，可谓壮矣”，宋祁赞其诗“清整有法度，浑焉所得，不琢而美”，称其文“恢动沉蔚，不减于诗”。赵抃时称“铁面御史”，与包拯齐名，其集所载诸文多关时事，其劾陈执中、王拱辰疏皆七八上，可知其伉直；然其诗谐婉多姿，与其为人大不相同。程俱历经两宋交际之乱，然心存民生，均于其诗文中有所反映，叶梦得评“其文精确深远，议论皆本仁义而经纬错综之际，则左丘明、班孟坚之用意也，至于诗章，兼得唐中叶以前名士众体”。词在宋代趋于鼎盛，受时代影响，衢州出现了一批词人，其中著名的有毛滂、毛幵、方千里等，其词作皆入选《宋六十名家词》。毛滂为苏轼弟子，东坡甚重之，比之孟郊、贾岛，今人薛砺若认为毛滂是当时宋词中潇洒派之领袖，“他有耆卿之清幽，而无其婉腻；有东坡之疏爽，而无其豪纵；有少游之明畅，而无其柔媚。他是一个俯仰自乐、不沾世态的风雅作家”。方千里词，乃和周邦彦词而成，丁绍仪《听秋声馆词话》评和词成就“虽不能如骖之靳，与陈西麓颇堪并驾”。

元代衢州文人诗文别集约有20种，现存有吾丘衍《竹素山房集》三卷、鲁贞《桐山老农集》四卷，均为《四库全书》收录。四库馆臣对吾丘衍评骘颇高，言“其诗颇效李贺体，不能尽脱元人窠臼。然胸次既高，神韵自别，往往于町畦之外逸致横生”；又评鲁贞诗文曰：“人品既高，胸怀夷旷，一切尘容俗状无由入其笔端，故称臆而谈，自饶清韵，譬诸深山幽谷，老柏苍松，虽不中绳规，而天然有出尘之意，其故正不在语言文字间矣。”鲁贞隐居不仕，邃于理学，躬行实践，其诗文清逸旷达，如其为人。

明代衢人诗文集特多，计有250余种。其传世者有金寔《觉非斋文集》

二十八卷、胡超《耻庵先生遗稿》、方豪《棠陵文集》八卷、吾谨《了虚先生文集》、宋淳《还峰宋先生集》十卷、徐霈《东溪先生文集》十九卷、徐鸣銮《寓东和集》三卷、徐惟辑《紫崖遗稿》二卷、柴惟道《玩梅亭集稿》二卷、詹莱《招摇池馆集》十卷、徐文沔《涧滨先生文集》六卷、童佩《童子鸣集》六卷、释传灯《幽溪文集》十二卷、叶秉敬《定山园回文集》一卷、徐日久《徐子卿近集》十卷及方应祥《青来阁初集》十卷、《青来阁二集》十卷、《方孟旋先生青来阁合集》二十卷、《方孟旋稿》一卷、《方孟旋先生四书艺》。方豪属明代文学"前七子派",其率真磊落,寄情山水,赋诗抒怀,王阳明甚重之,赠诗云:"方子严廊器,兼负云霞姿。每逢泉石处,必刻棠陵诗。"吾谨总角能吟,有奇童称,18岁为诗文,皆崛峻崚励,可喜可愕,曾与王阳明、李攀龙、何景明等往复辩难,不务随声,李梦阳奇之曰"今之李贺也"。方应祥以文章著称,"为文自辟阡陌,非六经语不道",李维桢赞"其言多发明五经、孔、曾、思、孟之旨,与濂、洛、关、闽诸儒训诂同切"。方文对后学甚有影响,艾南英称其"汲引天下文士,无论识与不识,为之表章发明,以扬其幽,又为之联上下疏戚之交,以广威辅气者,不啻韩子之于李翱、长吉,欧阳子之于介甫、子固诸人者也"。孟旋文有盛名,其诸集虽遭清廷禁毁,却流传至今。

清代衢人诗文集比明代还要多,有300余种。其传世之作有柴大纪《少保公遗书》,申甫《笏山诗集》十卷,余华《星隄诗草》八卷,徐崇焵《莲湖诗草》二卷,徐逢春《巽岩诗草》一卷,范崇楷《锄药初集》四卷,陈圣洛、陈圣泽《二陈诗选》四卷,陈一夔《二石诗选》一卷,费辰《瀔江游草》二卷、《榆村诗集》六卷,吴云溪《宜兰诗草》一卷,詹师韩《闺铎类吟注释》六卷,戴敦元《戴简恪公遗集》八卷,郑文琅《率性吟稿》六卷,刘侃《香雪诗存》六卷,刘佳《钓鱼篷山馆集》六卷、《钓鱼篷山馆外集》三卷,徐本元《耕心斋诗抄》一卷,余恩鑅《吴越杂事诗》一卷,周世滋《淡永山窗诗集》十一卷,詹嗣曾《扫云仙馆诗抄》四卷,王庆棣《织云楼诗草》一卷,叶如圭《存素堂诗存》四卷,范登保《可竹堂集》三卷,毛以南《致和堂诗稿》二卷,刘履芬《古红梅阁遗集》八卷,刘观藻《紫藤花馆诗余》一卷,刘毓盘《濯绛宧存稿》一卷,郑永禧《不其山馆诗抄》十二卷等。

以上清人别集,仅有《少保公遗书》收有文章而无诗作。柴大纪幼习举业,善属文。后弃文从武,乾隆时中武进士,任台湾镇总兵,先后升福建陆路提督、水师提督,加太子少保。此书系大纪平台时文札等件,亦名为《平台湾寇乱遗书》,对于研究乾隆末年的台湾历史有很高的价值。其他别集中,《钓鱼篷山馆集》《可竹堂集》《古红梅阁遗集》为诗文兼收,其中刘履芬骈文独尊汉魏六朝,渊雅雄厚、沉博绝丽,为清代衢州文人中的文章高手。

清代衢州文人多能吟诵,其中不乏可观者,阮元《两浙𬨎轩录》和潘衍桐《两浙𬨎轩续录》收录诗歌中属衢州籍诗人者有100余人。清人别集中,除《少保公遗书》仅收文章,《紫藤花馆诗余》《濯绛宧存稿》仅收词,《钓鱼篷山馆集》《可竹堂集》《古红梅阁遗集》诗文兼收,其他别集全为诗集。对于申甫之诗,袁枚赞之曰:"自束清峭不群,取之于人意之中,得之于物象之外。"《闺铎类吟注释》分宫廷、闺阃、母训、妇箴、忠孝、节烈六卷,吟诵古代女性,并详加注释,宋国澍称其诗"实欲引人入深,端后学之性情"。陈圣洛、陈圣泽兄弟以诗名,郑板桥等俱邮书索稿,圣洛诗清丽芊绵,渊雅可诵;圣泽诗学韩、杜,为一时吟坛指南。余恩鑅吟唱五代时吴越国时杂事,并自为作注,唐立夫赞之"笔情之飞舞,色泽之鲜明,征引之繁博,是刘舍人所谓写实反虚镕经铸伟者也"。吴云溪、王庆棣为女诗人,二人诗集为衢州少有的女性之作,云溪诗发乎情而止乎理义,庆棣将闺情闺怨尽显于诗中。

趋于晚清,衢州词学开始走向复苏,产生了刘履芬、刘观藻、刘毓盘家族词学。刘履芬《古红梅阁遗集》有《鸥梦词》一卷,收录词74首。刘履芬擅长诗词,其词容浙西、常州两派之长,其子毓盘忆曰:"九岁学诗,先人授以诗法。十二,请学词,先人曰:'小词学唐,慢词学宋,朱竹垞之言也。浙派主协律,常州派注立意,沟而通之,斯得矣。'"故毓盘承其家学而成为近代词学大家。《紫藤花馆诗余》也是词作,收词55阕。刘观藻作词主要在于抒发个人情怀,其作词如仲湘所言"始擅粗豪,近多婉约",陈彬华称其词"豪放处逼真稼轩,婉约处有酷似叔夏"。刘毓盘为近代词学大家,曾任北京大学国文系教授,主讲词史、词曲学等课,所著有《濯绛宧词》《词心雕龙》《词学斠注》《词律斠注》《词律拾补》《词话》《词史》《唐五代宋辽金元名家词集六十种》《花庵绝妙词选笔记》《诗余宫调名考》等。毓盘《濯绛宧存稿》成书于晚清,民国词曲学家吴梅《蠡言》评刘词,"子庚工于倚声,一字不肯苟且","其词在白石、白云之间,自谓学清真,实则殊不尽然"。江山刘氏词学著作,使衢州学术著作在晚清大放异彩。

衢州古代学人编撰总集、诗文评共30余种。现有总集6种传世,有明代徐应秋《古文奇艳》八卷、毛应翔《方孟旋评选邮筒类隽》十二卷、余钰《纯师集》十二卷、王钰《须江诗谱》□□卷、张德容《二铭草堂近科墨选》、郑永禧《西安怀旧录》十卷。徐应秋所选古文兼具奇艳,以助时人之用。《方孟旋评选邮筒类隽》十二卷为毛应翔选定有明一代文人尺牍,并对每篇尺牍作以评述,对于研究明代尺牍颇有价值。《纯师集》"欲求人伦之准式,明忠孝之大端",故"事不关大节与夫国家之治乱、君子小人之进退者不载,荒才否德亮不足而谈有余者不载,僭朝伪统夷狄之文虽尽心于所事者不载",余钰在书之天头处时加评语,其所品评皆重在文章所蕴含之德性。《西安怀旧录》十卷收录有清一代西安先贤之诗,采诸众人,广收博取,征文考献,对于保存西安乡贤文献极富价值。

由上述可见,衢州著述主要集中于五代以后。五代以前衢州仅有几种著述问世。自北宋始,衢州著述日益丰富,这与当时衢州经济、文化提高有关。据《宋会要·食货志》,宋神宗熙宁十年(1077)衢州商税税收位列今浙江各州第二位,仅次于杭州。衢州商业经济的繁荣,与此地的交通位置的重要有密切关系。杭州是宋代的第一大都会,由此地通往南方各地,皆需经过衢地,从而促使处于驿道要冲之地的衢州经济文化有了较大发展,也使衢州成为东南的军事重镇。

随着衢州经济的发展,宋代以来衢州教育受到重视。首先,古代衢州较大的家族都有家学传统,此由衢州家训、蒙学类著作较多可见;且许多学人出于同一家族,父子、兄弟皆有著述,故清乾隆《重修正谊书院碑记》有言:"其世家相承,如徐、刘、郑、叶、江、毛、祝、马、王、吴、余、赵诸姓,宋时进士,实冠东南。论者动谓古今人不相及,何其靡也。"其次,自唐宋以来,衢州府学、县学较为兴盛,据明天启《重建衢州府学碑记》载,"衢州郡学,建自唐高宗武德四载","历宋之北而南,其庙貌如左,取鼎元者三,尤有治心,如阅道、矢节,如毛公注、徐公存,诸先哲者出乎其间"。再次,衢州书院教育比较发达,为衢州输送了大批优秀人才。北宋时衢州有 5 所书院,南宋时增至 17 所,其数量和知名度都名列全国前茅。《续文献通考·学校考》所载南宋全国著名书院有 22 所,衢州有柯山书院和清献书院两所。除清献、柯山两书院外,衢州还有明正、定志、青霞等书院比较著名。衢州教育的发达,促使该地不断有文人涌现,这些学人多著书立说,因而产生了大批著作。

由于经济发展和教育水准提高,衢州文化地位随之提高。一地进士人数的多少,为衡量其文化兴衰的重要标准之一。据贾志扬《宋代科举》附录三统计,北宋时衢州进士数居于今浙江当时各州首位,足见当时衢州文化之繁荣,有许多重要人物登上当时历史舞台。这些获取功名的衢州人士,皆饱读经史及百家之学,多能著书立说,因而造就了衢州部帙众多、部类齐全、价值较高的学术著作。

研究衢州历史,建设衢州新文化,需要了解衢州的过去,方可把握衢州的现在,并预知衢州的未来,这都离不开对衢州文献的收集、整理、研究。但是,历史文献是不可再生的文化资源。据研究,在衢州 1500 余种著述中,传世至今者仅 200 多种,大多已湮没于历史劫乱之中,甚是可惜。在传世之作中,有近百种为孤本,另有 20 余种孤本近些年始有影印本。如果现在不采取抢救措施,现存有些古籍也可能消亡。而且,这些古籍多深藏于国家各级图书馆,普通人难得一见尊容,也不利于对衢州文献的研究。衢州市人民政府出资编纂、汇刊《衢州文献集成》,不仅可以弥补两浙郡邑唯衢州无丛书之缺憾,也有利于保存与研究衢州文献。此文化工程乃一伟大壮举,为藏之名山、功盖千秋之事业,必将载入衢州史册,流芳百世。

《著名图书馆藏稀见书目书志丛刊》序

杜泽逊

国家图书馆出版社与图书馆界合作编辑《著名图书馆藏稀见书目书志丛刊》,陆续影印行世,嘱为序言。借此机会谈谈感想,与同行专家交流。

中国的典籍历史之长、数量之富、内容之博大精深,都是世所少有的。中国作为文明古国,文化大国,很大程度体现在典籍上。早期的典籍三坟、五典、八索、九丘,已经不存了,存世的古老典籍仍以《易》《书》《诗》《礼》《春秋》为较早且重要。由此引发的历代经、史、子、集四部著述,以及释、道二藏,形成了庞大而严密的体系。乾隆年间官修的《四库全书总目》二百卷,对古代典籍做出了总结性的研究,对我们治学有重要参考作用,张之洞誉之为"良师"。像这样的以记录古代典籍、研究古代典籍为内容的学问,叫"目录学"。从汉代刘向《别录》、刘歆《七略》以来,这类书目历代都有,而且不断增加,这门学问也日见严密化、系统化。学术界把清代章学诚总结的"辨章学术,考镜源流"作为目录学的学术追求,把宋代郑樵归纳的"即类求书,因书究学"作为目录学的基本功用。清代以来,目录学与版本学紧密结合起来,辅之以校勘学、考据学,逐步形成了"文献学","文献学"大体可视为目录学的升级版。

进入20世纪以来,由于学术发展、方法进步,学术界对资料的需求越来越大,公共图书馆的建立和迅速发展,正好配合了这一形势,古籍调查,古籍影印,海外访书,新成果的产生,比过去迅速而且学术质量不断提升。在这个过程中产生的目录学成果,尤其各式各样的书目,令人目不暇接。为了总结这类目录学成果,学术界开始编制书目,开始汇辑书目的丛书,开始有计划地整理标点书目、书志,可以说中国目录学的发展达到了前所未有的高峰。

调查、整理、刊行目录学成果,是一项繁重的学术任务,理应有一个由易到难、由近及远、由常见之书到稀见之书的发展过程。而对稀见书目的调查研究和整理出版工作,显然是目录学界具有难度而又特别紧迫的任务。多年前，我发现清代辑佚大家马国翰的《玉函山房藏书簿录》虽然是刻本，却十分罕见，山东大学、台湾大学各藏一部，台湾的一部也是在山东做官的福建人龚易图从山东带到福建又转归台大的，其他图书馆就没有发现完整的藏本。王重民先生曾为马国翰作传，大抵也没见过全本。于是我介绍国家图书馆出版社影印出来了。我在参与《山东文献集成》编纂过程中，发现《烟台公共图书馆藏古籍书目》著录了一部《晚出书目记略》四册，稿本，不题撰人。经核查判定是王守训的稿本。王守训曾参加清国史纂修，故宫博物院有《国史艺文志》不分卷，黄县王守训、潍县田智枚辑，清国史馆稿本。这部《晚出书目记略》应是王守训为纂修《国史艺文志》所做的初稿。于是商之烟台图书馆把该书收入《山东文献集成》影印出来了。以前阅读《藏书纪事诗》，其中"李文藻"条引用翁方纲《李南涧墓表》："为学无所不赅，齐鲁间藏书家，自李少卿中麓、王司寇池北书库，皆罕传。君慨然以裒辑为己任，曰《所藏书目》，曰《所见书目》，曰《所闻书目》，皆详其序例卷次，志其刊抄岁月。"心向往之，而缈不可见。后读乾隆四十六年(1781)葛鸣阳刻张有《复古编》，见附录李文藻《大云山房所见书目》题跋一则，系李文藻撰万历丙子刊《复古编》跋，著录颇为详尽，葛氏谓"从周编修永年假得李郡丞文藻《所见书目》，内载前明黎维敬及郡丞跋各一则，亟为补刊"。则李文藻《所见书目》确有其书，藏文藻挚友周永年家。又数年，见《东北地区古籍线装书联合目录》著录《大云山房书目三种》，李文藻辑，道光宫爽斋抄本一册。似即翁方纲所云李文藻书目三种之传抄本。20 世纪 90 年代参加《四库全书存目丛书》编纂工作会议，黄永年先生持赠《陕西师范大学善本书目》，其中著录吴重熹《石莲暗藏书目》稿本，12 册，惊为秘笈，后与辑《山东文献集成》，商借无门，只得作罢。聊城杨氏海源阁藏书目录刊行者《楹书隅录》及《续编》，又江标刻《海源阁书目》一册，王献唐校印《海源阁宋元秘本书目》，先师王绍曾先生主持整理《订补海源阁书目五种》，亦云较备。唯杨保彝晚年呈聊城县(今聊城市)备案之《海源阁书目》6 册(普通本目录)、《海源阁宋元秘本书目》(善本书目)原本分藏山东省图书馆、韦力先生芷兰斋，迄未影印。宁波范氏天一阁，为我国藏书楼幸存之最古者，其书目有多种刊行，道光间诸城刘喜海任浙江布政使，曾编《天一阁见存书目》十二卷，稿本未刊，1934 年胶州张鉴祥发现原稿，手自录之。1936 年 11 月浙江举办文献展览会，曾借张鉴祥抄本展览，并商得张氏同意传抄副本。后张氏抄本归天一阁收藏，此目至今未刊。2004—2012 年，余与门生纂辑《清人著述总目》，历时八载，与事者 300 余位，制卡片 130 万条，著录清人著述 22.7 万种，其史部目录类著录 1450 种，未刊名家书目杂出其间。如《钦定四库全书存目要略》二十六卷，乌程周中孚撰，稿本，日本静嘉堂藏。《武英殿东庑凝道殿存贮书目》十九卷，清抄本，20册，所记多为四库底本及存目书原本，国家图书馆藏。《裘杼楼藏书目》四卷，休宁汪森藏，道光十年(1830)诸城刘如海抄本(刘喜海跋)，国家图书馆藏。《谦牧堂藏书总目》二卷，满洲揆叙藏，道光十年诸城刘氏味经书屋抄本，国家图书馆藏。《清绮斋藏书目》四卷，海盐张宗松藏并编，道光二十三年(1843)管庭芬抄本，国家图书馆藏，又清抄本，上海图书馆藏。《味经窝秘笈汇钞总目》一卷，金匮秦蕙田编，抄本，中科院藏。《抱经楼藏书目录》十二卷，鄞县(今宁波鄞州区)卢址藏，稿本，南京图书馆藏，又民国抄本，国家图书馆藏。《西川李氏万卷楼书簿》二十九卷，罗江李调元藏并撰，清抄本(存二十一卷)，四川省图书馆藏。《经锄堂书目》四十七卷，望江倪模撰，稿本，32册，黄永年先生藏。《十万卷楼书目》一卷，萧山王宗炎撰，宣统元年(1909)抄本，国家图书馆藏。《注韩居藏书目》四卷，侯官郑杰编，民国二十八年(1939)福州沈氏抄本，福建省图书馆藏，又1964年抄本，福建师范大学藏。《士礼居藏书目录甲编》二十卷，黄丕烈藏，抄本，社会科学文学研究所藏。《慈云楼藏书志》六十卷，上海李筠嘉藏，乌程周中孚撰，稿本，上海图书馆藏，又民国李之鼎宜秋馆抄稿本，余藏。《道州何氏东洲草堂书目》一卷，道州何绍基撰，稿本，国家图书馆藏。《安雅楼藏书目录》四卷，嘉兴唐翰题藏并撰，"满洲"国英共读楼抄本，国家图书馆藏，又民国燕京大学抄本，北京大学藏。《衎芬草堂藏书目录》二卷，海宁蒋光焴藏并撰，稿本，浙江图书馆藏。《师石山房书目》三十卷，山阴姚振宗藏并撰，稿本，南京图书馆藏，又残抄本(存医家类)，山东大学藏。《笺经室书目》，吴县曹元忠编，稿本，4册，潘氏著砚楼藏，又民国二十七年(1938)燕京大学晒印本，北京大学藏。这些稀见书目扃闭书库，长门永巷，难得一见，倘蒙典守慨然，次第梓行，先贤心力所寄，后学渴慕获偿，幸何如之。是则寄厚望于《稀见书目书志丛刊》者也。

重视古籍编目　服务文化建设

——《浙江省古籍善本联合目录》简介

张爱芳

《浙江省古籍善本联合目录》是由浙江图书馆组织编纂、全省55家古籍收藏机构共同参与,是全省古籍整理、保护的一项重大的基础性工程。自2005年成立以浙江图书馆为首的跨系统编纂委员会,正式启动了《浙江省古籍善本联合目录》的编纂工作以来,2009年年底完成初稿,后经分类汇总、核对、编辑索引,历经浙江图书馆三任馆长近10年的努力,最终由现任徐晓军馆长主持完成。

一、古籍编目传统

古籍目录的功用是“辨章学术,考镜源流”“即类求书,因书究学”(章学诚《校雠通义·互著》)。就是说,古籍目录既便于了解学术发展源流,又能按类而求书,因书而治学。浙江图书馆有重视古籍编目的传统。自其前身杭州藏书楼于1900年建立起,至今已有100余年的历史。这百余年中,它的自身建设一直与藏书编目紧密联系,很好地继承了我国藏书史中的一个优良传统。1901年,杭州藏书楼建立的第二年,即编有《杭州藏书楼书目》一册,于1902年刊行。1903年,杭州藏书楼经扩充改建为浙江藏书楼,并于1907年编印《浙江藏书楼书目甲乙编》,著录多为西学新书和当时刻本,旧学著述凤毛麟角,无善本书目可称。1909年,浙江藏书楼正式改称浙江图书馆,1915年刊印《浙江公立图书馆保存类目录》四卷,把馆藏古籍分为“保存”和“通常”两大类,用“保存”二字代表善本书籍,以区别于通常书籍;同时,又把“保存”类书籍分成两种,文澜阁《四库全书》入甲种编目,其他古籍善本入乙种编目。其中收善本书近300部,这是浙江图书馆编制的第一部馆藏善本目录。1918年又辑《浙江公立图书馆保存类书目续编四卷》。20世纪60年代中期,又把在这之前所编的两部特藏目录重新考订、删选,编成新的《浙江图书馆善本书目》甲乙编。1977年,浙江图书馆参与全国古籍善本书总目的编纂,进行浙江全省古籍善本调查编目工作。《中国古籍善本书目》的编纂,开创了新时期中国古籍普查、编目的先例。浙江图书馆充分吸收《中国古籍善本书目》编纂的有益经验,在本馆已有的古籍书目的良好基础上,2001 年编纂完成《浙江图书馆古籍善本书目》,载录古籍善本近 7300 部,增加的部分大多即为浙江籍学人的著作,体系完备、著录详确,极具地方文献特色。

二、组织编纂全省古籍善本总目

《浙江图书馆古籍善本书目》出版后,傅璇琮先生建议浙江图书馆乘胜而进,在现有成果的基础上,再编一部浙江全省现存的古籍善本总目。《中国古籍善本书目》固然已收辑了浙江所藏,但那是 20 世纪 80 年代初所编,近 30 年来浙江陆续有新的发现,而且《中国古籍善本书目》是从全国范围考虑的,收录标准较严,当时浙江上报的,不少未被录入。

浙江历史悠久,文化发达。据王国维先生考证,“唐之中叶吾浙已有刊版矣”,为浙江地区早在唐代已有图书刻印出版提供了佐证。杭州在宋代成为全国刻书中心,后经元、明、清诸代续有发展。到了近现代,浙江更成为私人藏书楼最发达的地区之一。浙江省现存的古籍善本亦相当丰富,为世所瞩目。这既是一笔珍贵的历史遗产,也是一座丰富的资源宝库,特别是浙江图书馆、宁波天一阁、西泠印社、浙江大学、绍兴图书馆、嘉兴市图书馆、温州市图书馆等收藏单位历史悠久,收藏的文献具有丰富的浙江地方文献史料价值。揭示这些文献,对于学界研究中国社会历史文化发展,具有重要的学术价值。

2005 年 7 月召开的中共浙江省委十一届八次全会,做出《关于加快建设文化大省的决定》,提出要从增强先进文化凝聚力、解放和发展生产力、增强社会公共服务能力入手,大力实施文明素质工程、文化精品工程、文化研究工程、文化保护工程、文化产业促进工程、文化阵地工程、文化传播工程、文化人才工程等“八项工程”,实施科教兴国和人才强国战略,加快建设教育、科技、卫生、体育等“四个强省”。作为文化建设“八项工程”之一的文化研究工程,其任务就是系统研究浙江文化的历史成就和当代发展,深入挖掘浙江文化底蕴,研究浙江现象,总结浙江经验,指导浙江未来的发展。《浙江省古籍善本联合目录》被列入文化研究工程之一。

三、《浙江省古籍善本联合目录》的特色

《浙江省古籍善本联合目录》共收录浙江省内55家古籍收藏机构的1.5万多种古籍善本,其数量大大超过了《中国善本书目》关于浙江省古籍善本种数7000多部的记录。古籍分类,传统的做法是四部分类法,即经、史、子、集。《中国古籍善本书目》在传统四分法的基础上又作适当的调整,最大的变动是把丛书从子部杂家类中分出,单列一类,得到学界的认定。参照《中国古籍善本书目》,全书按经、史、子、集、丛分类编排,各为一册;参照《中国古籍善本书目》分类排序;著录格式参照《中国古籍善本书目》,内容包括书名项(书名、卷数),著者项(朝代、著者、著作方式),版本项(出版年、出版地、出版者、出版类型、版本附注),附注项,行款尺寸,收藏单位简称。浙江籍作者前冠籍贯。书名和著者笔画、四角号码索引单独成册,书前编有索引字头笔画、拼音检字表。索引不含丛书子目书名和批校题跋的著者。

《浙江省古籍善本联合目录》是浙江省迄今为止最权威的古籍善本收藏目录,具有参与编目机构众多、品种调查齐备、著录体例统一等特点。全书篇目设置规范合理,款目著录严谨科学,通过纲目井然的梳理和揭示,使目前分散于全省各地的珍藏秘籍、善本图书的收藏数量、内容质量、分布状况等信息得到正确、全面、系统的反映,为读者查找利用提供了方便,为古代文献的数据共建共享提供了基础,为保护保存好浙江省的文化遗产提供了依据。

《浙江省古籍善本联合目录》的编成,不仅为继续编纂《浙江省古籍联合目录》创造了条件,同时也为全国性的《中华古籍总目》编纂计划的实施,做出了有益的尝试,奠定了坚实的基础。

·学术动态·

谈新疆少数民族古籍文献的保护理念与人才培养

丛冬梅

流传至今的大量中国少数民族文字古籍,是中国文明绵延数千载积累起来的精神文化遗产,同时也是全世界人类文明不可多得的宝贵财富。它既是人类文明走向未来的文化物质基础,也是当今社会发展的重要文献保障资源。对其应给予充分的认识,并站在国家发展战略的高度对少数民族文字古籍进行积极而科学的保护与有效而合理的利用。

一、新疆少数民族古籍文献的珍贵价值

(一)具有多民族、多语言、多文化、多宗教、历史悠久的鲜明特点

"新疆历史文献暨古籍保护成果展"于 2010 年 8 月 20 日至 10 月 19 日在新疆维吾尔自治区博物馆举办,展出了 13 家单位及个人收藏的 24 种文字的 125 件新疆珍贵历史文献、文物,吸引了 10 万余人次前往参观,社会反响强烈。为让更多的观众通过历史文献、文物认识新疆,增强对伟大祖国的认同,共同建设美好的新疆,"西域遗珍——新疆历史文献暨古籍保护成果展",于 2011 年 1 月 26 日在国家图书馆以更大规模展出。展览汇集全国 23 家收藏单位,展品数量 320 余件,其中超过半数为现今仅存的孤本,21 部古籍已入选《国家珍贵古籍名录》。展品分四大单元,全面展示新疆多民族、多语言、多文化、多宗教、历史悠久的鲜明特点。展品类型包括汉文和 20 余种少数民族文字的木简、文书、古籍、舆图、拓片,展品时间跨度从先秦至明清,内涵更加丰富,文献价值更高。

(二)存世稀少,种类丰富,具有极其珍贵的史料价值

少数民族文字古籍与汉文古籍相比,在产生、发展、流传过程中客观存在差异性和复杂性。因此,对大部分少数民族文字古籍下限放宽至 1949 年

以前。少数民族文字古籍内容丰富,种类繁多涉及政治、经济、商业、宗教、文化、历史、地理、绘画、雕刻、建筑、装饰、医学、语言、文学、药学、艺术等领域。

二、新疆少数民族古籍保护工作开展的瓶颈

(一)保护意识滞后

新疆地区地处祖国西北边疆,经济欠发达,各项事业发展较中东部滞后,这是不言而喻的事实,新疆古籍保护事业亦如此。新疆现存古籍藏量不大,却有分布较广、文种较多的特点。尤其是少数民族古籍收藏特别分散。公藏部分,主要是在图书馆、博物馆、档案馆及各地州少数民族古籍搜集整理办公室等单位。从事古籍专业工作的业务人员也特别少,基本上都是兼职。新疆维吾尔自治区古籍保护中心对每年开展古籍保护工作都做了安排和部署,但实施的效果不大。从根本上说,主要在于对保护古籍文献没有紧迫感和危机感。

(二)保护经费短缺

说到经费投入,又是关键问题。自2007年"中华古籍保护计划"实施以来,新疆投入古籍保护专项经费较中东部发达地区差距不小。前几年每年经费是30万元,近两年增至60万元。分配到古籍保护各项工作上的经费,可谓杯水车薪。据了解,新疆地州、县(市)级古籍收藏单位,地方财政基本没有投入经费用于古籍保护工作。新疆地区在国家古籍保护"十二五"计划(2011—2015年)期间投入总经费210万元,这个数字还未达到江浙地区本省年投入古籍保护经费。

(三)古籍保护人才匮乏

古籍保护包括古籍普查登记、古籍数字化、古籍修复、古籍开发整理出版等几个大项内容。一项工作的开展,人才是关键。而新疆地区从事古籍专业的人员却少之又少。作为新疆古籍保护中心的挂靠单位,新疆维吾尔自治区图书馆于2005年成立了独立的古籍部,设置了专门人员从事古籍编目整理工作,在老一辈专家著录的古籍编目卡片基础上,建立了古籍书目数据库。自2007年国家古籍保护工作启动以来,完善了保护措施,开展了普查登记和人才培训工作,业务基本上步入正轨。

而其他古籍收藏单位,基本没有设置专职人员开展古籍编目分类及相关业务,均由特藏部、采编部人员兼职。在跨系统古籍收藏单位,有些只是

安排了书库管理人员，编目整理工作尚未开展，处在保管好就好的状态。因此，根据古籍保护工作要求，设置专职人员开展业务，加大专业人才培养至关重要。

（四）保护手段落后

如何保护好古籍，保护意识是否正确是前提。在一些收藏单位，我们看到一些珍贵古籍是利用非常不科学的方式进行的修补，用糨糊、胶水和普通的纸张进行的粘贴，古籍存放的环境也不规范、不科学。温度、湿度及通风、消防措施等都不符合古籍书库的要求，这直接影响古籍存藏的寿命。树立科学的原生性和再生性保护意识，采用规范标准的手段，抢救性保护这些现存已不多的古籍文献，是新疆地区古籍保护工作首先应该统一规划和实施的。

三、创新工作思路，树立科学的保护理念，形成一整套完整的少数民族古籍文献保护机制

（一）积极借鉴成功模式，加大新疆地区古籍保护人才培养，建设一支高素质、复合型的人才队伍

在全国古籍普查登记工作已取得阶段性成果的同时，国家古籍保护中心乘势而上，积极谋划部署古籍人才培养的新思路。国家古籍保护中心还将继续加大与高校合作力度，在全国几所著名高等院校研究建立国家古籍保护学院，以培养专业硕士为主，建立从中专、大专、大学本科到研究生、博士生的职业教育培养路径，建立古籍保护学科体系，培养古籍保护专业人才。

1. 2014 年，文化部在全国范围内评选出 12 家“国家古籍保护人才培训基地”。这 12 家单位要充分发挥作用，推动我国古籍保护人才培养走上良性发展轨道。同时，国家古籍保护中心将在总结国家级古籍修复技艺传习所试点单位的基础上，在全国推广古籍修复技艺传习所，做好古籍修复、传拓及造纸、印刷技艺等非物质文化遗产传承工作。山东省文化厅在全省推广“图书馆+书院”公共文化服务模式，成立若干“尼山书院”，拓宽了古籍保护工作模式。同年，复旦大学、中山大学分别设立了古籍保护硕士研究生班。复旦大学“中华古籍保护研究院”将设“国家古籍保护人才培训基地”“基于 GIS 的中华古籍书目数据研究中心”“中华古籍保护技术基础科学实验室”三大机构和古代数字人文资源库。

文化部党组副书记、副部长杨志今在 2014 年全国古籍保护工作会议上

指出,“我们仍要在完善和创新人才培养机制上下功夫,一方面要积极推动在高校设立古籍保护专业和人才培养基地,加强学科专业、师资队伍、教材课程等基础建设;另一方面,要探索实施委托培养、在职培训等多种教育方式,形成多层次的人才培养结构”。

2. 对于新疆来说,上述成果和模式都是可以借鉴的。一是在高校办学。新疆大学是“211”工程重点大学,其中人文学院设有汉语言学、维吾尔语言学、哈萨克语言学等,有少数民族语言博士站,以及化学系等,这为专门设立古籍保护文献学奠定了基础。二是在职培训、以师带徒的培养方式。依托国家古籍保护中心、国家图书馆、天津图书馆、中山大学图书馆等古籍大馆,邀请修复专家帮助与指导,采取“请进来,走出去”的方式,来培养古籍保护人才。我们已经进行了有益的尝试,并很有成效。2010—2012 年选派双语(汉语、维吾尔语)专业人员赴国家图书馆古籍馆修复组学习,由非文化遗产传承人杜伟生先生亲自手把手地传授修复技艺,经过学习与实践,这名修复人员已在新疆维吾尔自治区图书馆修复工作中发挥着骨干作用,承担修复汉文古籍、少数民族古籍的具体工作。三是委培提高。2015 年又选派一名专业人员赴中山大学图书馆(中山大学古籍修复中心)学习西文古籍装帧形式。中山大学古籍修复中心在西文修复方面是强项,修复实施已进入成熟阶段,被列入国家级古籍修复中心。根据存藏民族古籍装帧和西文文献装帧的分析和比对,并结合西文修复的实践来看,少数民族古籍文献装帧形式与西文文献装帧形式非常相像,制作工艺与流程也基本一致。

(二)古籍再生性的保护,严格标准,稳步推进,已见效果

古籍原生性的保护有古籍修复、古籍数字化、制作函套、书盒等多种方式,要有的放矢制定再生性保护计划,首先要进行科学调研,不能盲从。

1. 古籍数字化作为保护与传承中华珍贵典籍的重要手段之一,能够真实、清晰地反映古籍原貌,促进传统典籍文化传播,有效解决古籍保护和利用的矛盾。为进一步加强古籍保护与服务,新疆古籍保护中心拟建立“新疆古籍数字资源库”,首期工作是入选《国家珍贵古籍名录》珍贵古籍的数字化。按照统一规划、统一标准、合作共建、资源共享的原则,由国家古籍保护中心向各省级古籍保护中心下达古籍数字化任务书,进行年度审核。国家珍贵古籍数字化工作遵循“边建设边服务”的宗旨,通过中国古籍保护网将数字化成果向社会提供服务。

2013 年,根据国家古籍保护中心关于开展珍贵古籍数字化的工作部署,首先派业务人员参加有关古籍数字化主题培训班,重点学习了“古籍数字化技术与标准”“影像色彩管理技术与方法”“古籍元数据著录与再生利用”

"古籍实物拍摄技术与方法"。在开展古籍数字化工作中,我们严格遵循国家图书馆出台的技术标准,边实践边总结经验,一步一步摸索,较为圆满地完成了与国家古籍保护中心签订的任务书。完成了由新疆古籍保护中心计划的"国家珍贵古籍名录数字化""馆藏新疆地方古籍文献数字化""馆藏新疆民国时期文献数字化"及"馆藏少数民族古籍文献数字化"四个数字化图像库。在古籍保护经费非常紧缺的条件下,实现了为读者提供古籍文献数字化图像库的查阅服务,同时,使还未经修复的珍贵古籍得到较好的保存。

2. 为珍贵古籍文献配置书盒、函套,也是一种保护措施。特别是馆藏各少数民族古籍严重破损,但目前修复技术尚未成熟,不能开展修复,可以采取暂不修复,配以书盒、函套来保护。特别是新疆大部分少数民族古籍收藏单位,包括新疆各地州、市(县)跨系统收藏单位没有修复专业人员,还无法开展修复。本着遵循科学的修复理念,在对珍贵文献修复的实践中,国家图书馆对修复理念和原则进行深入探讨,明确提出:"抢救为主、治病为辅","整旧如旧,过程可逆"等修复原则。这也是我们对目前尚不能开展修复的收藏单位提出的比较可行的保护措施。

四、开展特色古籍的专项保护

(一)注重研究与实践相结合,以修复课题立项,带动古籍保护工作的推进。培养的古籍文献保护与修复专业人员,一是修复汉文古籍文献,二是修复各少数民族古籍文献。新疆现存汉文、察合台文、阿拉伯文等十几种文字的古文献。因此,培养能够修复多个文种古籍的修复人才,是"新疆维吾尔自治区古籍修复中心"的培养方向,也是与内地省古籍修复中心的不同之处,这也是"新疆特色"所在,同时也是难点所在。

古籍保护是一项长期的工程,据不完全统计,新疆有古籍约 60 万册,其中约有 5 万册是各少数民族古籍。据关于现存古籍的保存现状调查表明,有三分之一存在不同程度的破损情况,而在新疆,古籍修复人员极为短缺,启动古籍修复人才培养迫在眉睫。

2012 年,在国家古籍保护中心的指导下,新疆维吾尔自治区古籍保护领导小组组织专家制定了《新疆古籍保护工作五年规划》,在规划中有 10 个子项,其中一个为古籍修复子项目。"新疆维吾尔自治区古籍修复中心"于 2014 年 10 月 26 日挂牌成立。在工作机制上,为开展用桑皮纸修复少数民族古籍项目做好了准备。

（二）开展“和田桑皮纸修复少数民族古籍研究项目”的相关调研工作

1. 国内专家调研

通过与国家图书馆修复专家杜伟生老师及武汉大学刘家贞教授（研究纸张与水领域）的沟通请教，他们建议在现有条件下，第一步要对桑皮纸和少数民族古籍写刻所用纸同时进行监测，如测酸、测厚，以及桑皮纸古籍上所用的墨（指原料成分）等。

2. 疆内调研

通过实地调研，了解到自治区博物馆修复部和吐鲁番博物馆已开展出土文书、出土丝织物等文物修复工作；修复专业人员、修复专业设备有一定的基础。由此，桑皮纸修复项目的实施，可与这两家收藏单位进行合作。特别是吐鲁番修复的出土文书，文书的纸质是否与民族古籍书写用的桑皮纸相同，可作为切入点进行研究。

3. 申报“桑皮纸修复”试验项目

从少数民族古籍文献的装帧形式、书写刻印所用纸张、破损情况等入手，对修复所用桑皮纸进行研究与试验，对破损的用桑皮纸写刻的各文种少数民族古籍文献进行测酸检测、测厚检测、颜色比对等项目进行实验性研究。

特聘国家图书馆古籍修复专家作为修复课题项目负责人，由新疆古籍修复中心修复人员参与项目的实施。

五、新疆维吾尔自治区古籍修复中心定位

（一）以“国家级修复中心”为目标

新疆维吾尔自治区古籍修复中心，依据《国家级古籍修复中心》的申报条件，以挂牌成立“新疆维吾尔自治区古籍修复中心”为起点，在国家古籍保护中心的大力支持下，不断健全完善修复所用的设施设备，加大古籍修复人才培养，在3—5年内，培养形成一个具有8人专业团队的修复中心。

（二）将“新疆维吾尔自治区古籍修复中心”做出品牌，做出特色

近几年，在国家古籍保护中心的大力支持下，已配置了古籍修复设备及修复用纸等。如，纸浆补书机、古籍修复多功能工作台及配套设备、手动型古籍修复压平机、测厚仪等设备。纸张有修复汉文古籍所用的各类宣纸及修复少数民族古籍所用和田桑皮纸等。为了使新疆古籍修复中心工作顺利开展，首要问题是保障修复所用纸张，及桑皮纸课题研究试验与实践等方面

的经费，以此保障“新疆维吾尔自治区古籍修复中心”的运作与推进。

六、古籍保护环境的改善及库房规范性建设

目前，新疆地区入选国家重点古籍保护单位的有两家，新疆维吾尔自治区图书馆入选第一批重点保护单位，新疆维吾尔自治区少数民族古籍搜集整理出版规划领导小组办公室入选第五批重点单位。新疆大学图书馆在积极完善古籍书库的设施设备，气体消防工程正在进行中，有望达到古籍特藏书库标准。新疆社会科学院图书馆也在筹划改造古籍书库的方案，计划在完善古籍库房的各项规范性标准后，将分藏在图书馆、历史研究所、民族研究所、宗教研究所等处的各文种古籍文献进行整合，集中进行管理保护与开发。新疆地区各地州古籍收藏单位也在古籍库房的改善方面有一些想法。藏于民间的古籍文献，近些年大部分已由公藏单位经过鉴定、征购并管理。目前，新疆维吾尔自治区图书馆正在进行二期工程建设，在馆舍功能设计阶段，将新疆维吾尔自治区古籍保护中心（新疆维吾尔自治区图书馆古籍部）进行了全面的规划，涵盖古籍阅览室、专家阅览室、数字文献阅览室、珍贵文献宣传展示区、古籍修复实验室与修复室，以及地下古籍书库等。这样，新疆维吾尔自治区古籍保护中心将具备一个完整而功能齐全的工作环境。

参考文献

[1]罗文权、杨萌：《民族文献古籍保护思考》，《大理学院学报》2011 年第 1 期。

[2]张平、田周玲：《古籍修复用纸》，《文物保护与考古科学》2012 年第 1 期。

[3]张利：《图书馆古籍书库文献典籍数字化保护》，《图书情报工作》2010 年增刊。

[4]张宛艳：《科技创新环境中古籍修复人才培养模式的研究》，《大学图书情报学刊》2011 年第 3 期。

[5]赵小尊、田育星：《适应未来发展的古籍修复理念及方法》，《档案保护》2013 年第 1 期。

《静明园内溪田课耕图样》略谈

易弘扬

地处北京西山东麓支脉的玉泉山，是自康熙朝即开始兴建的“三山五园”中的一山，同香山、万寿山并称。静明园则为其中的一园。《日下旧闻考》卷八十五有载：“静明园在玉泉山之阳，园西山势窈深，灵源浚发，奇征趵突，是为玉泉。”由于静明园中山上山下散布着许多泉眼，而这其中最大的一眼名为“玉泉”，所以时间久了，静明园也就被称为“玉泉山”。玉泉山共占地75公顷，其中水域面积为13公顷。清康熙十九年(1680)，康熙帝下旨在玉泉山原有基础上扩建、修建行宫。二十一年(1682)，扩建的行宫初步告成，最初命名为澄心园，“澄心”二字应为“心情清静”“静心”之意。《文子·上义》有载：“老子曰：‘凡学者能明于天人之分，通于治乱之本，澄心清意以存之，见其终始，反于虚无，可谓达矣。’”晋朝陆机《文赋》云：“罄澄心以凝思，眇众虑而为言。”唐朝的王鲁亦有逸句：“清泉绕屋澄心远，曙月衔山出定迟。”康熙三十一年(1692)，澄心园奉旨更名为“静明园”，关于此，《清史稿》有“玉泉山静明园初为澄心园，康熙三十一年更名”的记载。这是清王朝在北京建立的第一个行宫，也是“三山五园”皇家园林群开始修建的起始。清乾隆十五至十八年(1750—1753)曾对静明园又一次进行大规模扩建，增建了玉峰塔等景观，并且在扩建过程中引进了江南园林的建筑风格，最终形成“静明园十六景”，这时也是静明园整个历史中最为鼎盛时期，而溪田课耕就名列十六景之一。《日下旧闻考》有载：“溪田课耕为十六景之一。园内自垂虹桥以西，濒河皆水田。”乾隆帝之所以在玉泉山修建溪田课耕一景，并非是为了游玩赏景，而在于表达自己对农事的关心，“每过辄与田翁课晴量雨”，这种行为反映出了当时的社会经济基础。在过去数千年时间里，中国古代社会都是以农业为基础，所谓“重农抑商”，农业自然也是历朝历代君主所关心的重点。乾隆十九年(1754)，他曾特地为溪田课耕写有《课耕轩》诗一首：“疏轩倚秀岩，俯畅名课耕。溪田带左近，引水艺稻粳。墙外即高田，禾麦千畦呈。向者偶凭窗，欣闻叱犊声。”从这首诗的意象可以想象出这样的场景：

在秀丽奇石上修建起来的亭轩，其旁边即是溪田；此时，不断地有水潺潺灌入。园墙的外边就是千畦麦田。站在窗户旁边，农夫吆喝农作之声清晰可闻。对此，《静明园内溪田课耕图样》也可对这首诗做一个鲜明的对证：溪田课耕四周除东向外，可谓山石环抱，正对应了“疏轩倚秀岩”；而它的南边越过花砖宇墙就是一大片的河泡。据载，乾隆十九年（1754）的时候，园墙外尚且是广阔的农田。乾隆二十四年（1759）之后，开始从静明园西墙到沼泽地之间修建高水湖，并且在高水湖旁边修建养水湖，此处的稻田便不复存在了，代之以附近开辟的新稻田地。

国家图书馆馆藏样式雷图《静明园内溪田课耕图样》，图纵 65 厘米，横 49. 5 厘米，图中采用不同设色绘制出河流、山间小径、山岩和大山的轮廓，全图样居中为本图主题溪田课耕，四周环绕花砖宇墙；溪田课耕右方红底黑字手书：“溪田课耕殿一座三间，各面宽一丈，进深一丈四尺；前后廊深各四尺；小檐柱高一丈；台明高一尺二寸。”下方黄底黑字手书：“南北院当一丈六尺。”溪田课耕东北方向为值房，值房下方写有“值房一座三间，各面宽一丈，进深一丈二尺；高八尺；台明高一尺二寸”的介绍。溪田课耕的西南方向则为平台值房，值房的西、南两边分别写有“东西四丈五”“平台值房一座三间，面宽一丈二，次间各面宽九尺；进深一丈二，尺柱高八尺，台明高八寸”和“南北地基三丈”的字样；图样的上、下、左、右四个方位分别写有北、南、西、东。黄底黑字为原有之建筑或事物；红底黑字的内容为准备扩建的建筑。全图样风格简洁、明快，比例真实、准确，体现了绘者较高的绘图水平和素养玉泉山之溪田课耕位于京西玉泉山山麓的西部,在水城关以西的园墙之内,在清朝时期时,是一片河泡和稻田。这在图样中也同样有表示:在全图的左上角,清晰可见黄底黑字的“河泡”二字。在河北岸的山麓,则建有一座课耕轩,这里便是“溪田课耕”一景。

除了溪田课耕之外,《静明园内溪田课耕图样》左侧位于“山道”和“大山”之间的“迸珠泉”则是玉泉山有名的泉流。迸珠泉在课耕轩以西、距河岸不过六尺五寸的距离。乾隆皇帝还为泉畔一座名为真珠船的水榭题了一首同名的诗:“青蒲戢戢石磷磷,错落倾来万斛珍。最是松风萝月下,夜深仿佛见鲛人。”据相关数据记载,直至20世纪50年代,迸珠泉的流量依然有0.06~1.15立方米/秒。

静明园以山景与清泉闻名。“静明”二字出自《庄子·庚桑楚》篇:“正则静,静则明,明则虚,虚则无为而无不为也。”这句话的意思是说,只要心神端正就能保持宁静,常保持宁静则内心明澈;明澈的内心则把人引向心灵的虚空;而心灵虚空也就没有办不成的事。“静明”指人所向往的一种内心境界,以此为园名,表达了统治者希望于此处因“静”而“明”,达到修身养性的目的。

样式雷图档中的万寿点景图

任昳霏

样式雷家族设计建造的经典建筑，除了我们熟知的永久性清宫建筑设计，还有许多临时性的庆典建筑，“彩棚”就是这样的一类建筑。从绘制场景来看，彩棚图样包括展示整体效果的彩棚组合点景图和显示微观细部的单个彩棚设计图。我今天要介绍的是藏于国家图书馆的《万寿典景图》。这张图展示了万寿点景的整体效果，从中我们大概可以了解万寿庆典中的一些细节。

彩棚是专门为节日庆典临时搭建的一类建筑。现存样式雷彩棚图样大都与万寿庆典有关。点景是帝、后万寿庆典的重要组成部分，彩棚又是万寿点景最重要的临时建筑。纵览清朝历史，布设万寿点景的帝、后包括康熙皇帝、乾隆皇帝、嘉庆皇帝、崇庆太后和慈禧太后五人。其中，康熙六旬寿典开创了清代万寿点景的规制和流程。最有名的万寿节以康熙皇帝六旬寿典和乾隆皇帝八旬寿典为代表。让人印象最深刻的万寿节，则属慈禧太后的六旬万寿庆典。

随着京西皇家园林的变迁，清代早中期和清晚期布设万寿点景的路线有一定差异。康熙时期，万寿点景的路线大致是自京西畅春园到西直门，进入内城，经神武门，与紫禁城的庆典仪式连接。近代以来，随着圆明园、畅春园等皇家园林陆续被毁，帝、后的居所与活动区域与之前比有一定变化。慈禧太后万寿庆典的布景设计具体路线由紫禁城西华门出宫城，经中南海与北海间的御河桥，从西安门出皇城，经西四牌楼向北，再由西直门出内城，经西直门外高粱桥石子路到颐和园东宫门。无论巡游路线怎样变化，巡游途径之处，彩棚不断。搭建彩棚的建筑包括沿路寺、观，还包括京城各部衙门、行宫等。此外，还有各省进京臣民代表搭设的彩棚，以示庆祝。

一张光绪时期的《颐和园至西直门路程图》，为我们清晰地描绘了万寿庆典路线在内城之外的各个细节。京师内城道路完好，出行方便。但京师西郊，俗称海淀，道路泥泞难行。太后出行，凤銮龙辇出西直门，行程不便。

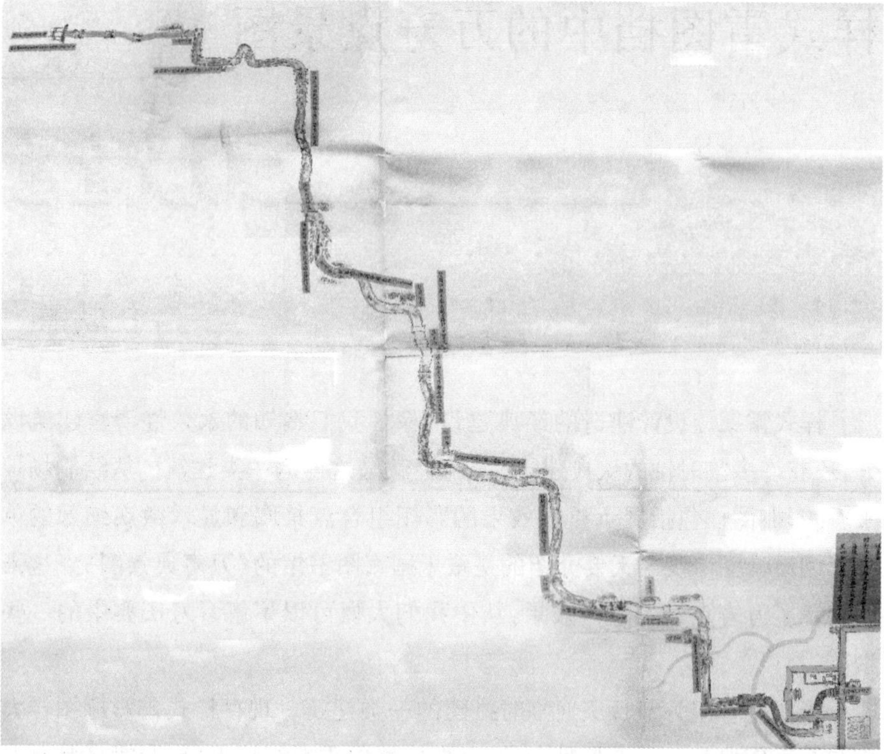

为方便慈禧太后和光绪皇帝出行,光绪年间官方修筑了从西直门高梁桥到颐和园的石子路,也就是慈禧太后万寿巡游的路线。这张地图详细绘制了颐和园东宫门牌楼至西直门内海墁一路路程。其中包括土道一段,石板路13段,全长共计3363丈。每段路都明确记载了里程数,并对沿途重要建筑、桥梁做标注。《颐和园至西直门路程图》的绘制方式采用仅绘制道路及与道路相关的标志性建筑和桥梁,道路里程和标志性建筑用贴黄签的方式说明,这与样式雷图档的画风极其相似。

慈禧太后六旬万寿庆典,拟在颐和园东宫门至紫禁城西华门沿途道路两旁搭建万寿点景60处。其中,颐和园至西直门段搭设点景33处,西直门至西华门段搭设点景27处。各处点景均以彩棚为主体。每处点景包括龙棚、龙楼、经棚、戏台、音乐楼、游廊、牌楼、彩幢、祝嘏牌等建筑。据档案数据记载,颐和园至西直门段点景由内务府负责筹备,西直门至西华门段由外臣筹备。每处点景均经过精心设计,不同的点景承担的祝寿功能也各不相同。各式彩棚在每处点景中均处于最为重要的位置,承载了不同的功用职能。以样式雷图文件《万寿典景图十九号》为例,此处点景设置于万寿巡游路线途中,包括彩坊牌楼两座、彩亭两座、鼓亭两座、经庙及经棚一座、配楼及灯廊一座、各式幡旗若干。从这个点景的布置来看,为慈禧太后祝寿诵经的经棚是主体,配以戏台。彩棚在此处点景承担了为太后歌功颂德及增添节日气氛的功能。各处布景均以红色为主色，云纹为底纹，设计风格整齐统一，又华丽热闹。配楼及经棚另配各色灯笼，烘托节日气氛。夜晚，庆典活动在灯笼的映照下显得更加绚丽多彩。

慈禧太后六旬万寿巡游点景主要承担礼、乐、颂三方面的功能。首先，万寿点景中承担礼仪方面的彩棚包括龙棚、龙楼等，主要设在颐和园到紫禁城沿途的重要地方。此类彩棚设御座，慈禧太后在龙棚内休息，各地官员呈上特产，迎驾叩拜，恭贺万寿。各宫殿前彩棚属于礼仪性临时建筑。第二，承担活跃气氛的彩棚包括戏台、说书台、音乐楼等。这些彩棚在各处点景均为辅助临时建筑。慈禧太后巡游多路过不停辇，多为制造欢乐祥和的节日气氛而设。第三，承担歌功颂德功能的彩棚包括经坛、经棚等。此外，还有一些具有特殊功能的彩棚遍布庆典各处。其中，规模最大的当属颐和园仁寿殿外支搭的寿宴彩棚，专门用于慈禧太后宴请皇亲国戚、高官重臣、外国使节等人员使用。

从样式雷图档可以看出，慈禧太后万寿庆典活动拟按旧有规矩举行万寿巡游。但从档案资料和现有文献来看，巡游点景布设并未实现。慈禧六旬万寿庆典期间，中日甲午战争爆发。万寿节前慈禧居住在中南海。因甲午海战战败，国库亏空，巡游点景大都停办，仅在北长街搭设部分点景。然而，即使只搭建部分点景，仍耗资巨大。歌舞升平的万寿庆典与黄海上“定远号”的沉没形成鲜明的对比。

国家图书馆收藏的样式雷图档已进入“世界记忆名录”，作为全世界共同的珍贵档案，其史料价值众所周知。不论是要进行考古发掘，还是要重修重建，样式雷图档都是开展各项工作参考的第一手可信史料。样式雷图档的圆明园卷已经由国家图书馆古籍馆编辑整理，并于 2016 年由国家图书馆出版社出版。之后国家图书馆藏样式雷所有档案资料将陆续整理出版。

近年，圆明园、颐和园、香山、北海、恭王府、天坛、紫竹院等处多次查阅复制国家图书馆藏样式雷图档，为整修复原园林、撰写园史提供了可靠依据。特别是在 2013 年第九届中国(北京)国际园林博览会上样式雷图档展成为最吸引观众的内容。

能让样式雷图档这项全人类宝贵的文化财富，带着丰富的建筑、历史和文化信息，走出尘封的地库，让更多的学者能全面研究，并通过研究利用让更多的历史遗迹复活，是我们以另一种方式向样式雷家族的致敬。

晚清苏州经学群体的书院教育与学术风气

罗　茜

引　言

学术演变与地域群体关联紧密，苏州地区自古文教兴盛，哲人蔚起，晚清苏州经学群体独特的学术风气，深刻影响了社会文化的发展。作为知识群体活动中心的书院，既是治经论道的重镇，又是学术思想传播的载体。以书院教育为基础探究晚清苏州经学群体的特点，不仅有助于理解生徒、书院与学术思潮之间复杂的交互关系，更有利于我们全面真实地认识清代学术的演变。然纵观现有研究成果，并没有针对苏州经学群体的书院教育展开的专题讨论，苏州生徒在书院的治经成果更未得到充分利用。因此，本文深化书院经学教育的考察，尝试对晚清苏州经学群体缺失的问题研究展开探索。

一、融萃共存：书院教育的双重认同

培育了众多晚清苏州经学大师的南菁书院，似乎被大多数学者认为是晚清吴地汉学家的大本营，甚至有的学者把南菁书院与诂经精舍划为同类，如杨念群在《儒学地域化的近代形态：三大知识群体互动的比较研究》一书中就指出："特别是诂经精舍及以后的南菁、龙门书院相继崛起，构成了与官方'宋学'争夺生员和学术影响的地区性势力。"[①]艾尔曼在《从理学到朴学》中也提到："汉学于18世纪中叶在苏州兴起后，迅即传入当地的书院，江南

① 杨念群：《儒学地域化的近代形态：三大知识群体互动的比较研究》（增订本），三联书店，2001年，第453页。

其他地区的书院也纷纷以汉学取代宋学。”[①]这似乎是看到汉学大家黄以周等人主讲于其中。但书院实际的经学教育情况却在汉学宗旨的基础上有重大变化，尤其凸显于苏州学人群体中。因此有必要重新做一下分析与解释。

南菁书院崇祀的是郑玄和朱熹，而诂经精舍供奉的郑玄和许慎。诂经精舍虽说有汉宋调和的倾向，但并未达到将郑朱并祀的程度，南菁书院尊崇程朱理学的态度更为明显。若对比诂经精舍与南菁书院刊刻文集之特点，更可看出区别：阮元在主导刊刻《皇清经解》时完全未收录任何宋学家的解经著作，至王先谦刊刻《皇清经解续编》时，已经收录大量今文学家的解经之作，如宋翔凤的著述就多达八种，魏源的亦收录两种，还收录著名理学家曾国藩的《读仪礼录》与擅长程朱理学的夏炘的《学礼管释》；《南菁书院丛书》甚至还收录汉学反对者姚鼐之作。艾尔曼在《从理学到朴学》一书中认为南菁书院的修书行为使得乾嘉考据学传统延续至 19 世纪晚期[②]，但实际的文献数据似乎反而使考据学的“领地”在逐渐缩小。以上都在透露一个信息：南菁书院绝不是汉学（考据学）为主，理学略备。书院教学虽确立了经学的优先位置，规定课试以治《周易》《尚书》《诗》、“三礼”、《春秋》“三传”、《论语》《孟子》《尔雅》《孝经》等十三经为主，分七类。[③] 但实质却是汉宋不分，义理与考据并融：“经学则汉宋不分，理学则朱陆不分。”[④]据唐文治回忆黄以周之主张：

> 先生独谓三代以下之经学，汉郑君、宋朱子为最，而汉学、宋学之流弊，均多乖离圣经，尚不合于郑、朱，何论孔、孟。国朝讲学之风倡自顾炎武、黄梨洲诸先生，亭林先生尝谓：经学即理学，经学之外理学为禅学。故经学、理学宜合一，不宜歧之为二。[⑤]

黄以周还为唐氏开列重要参考书《北溪字义》，该书又称《四书字义》或《四书性理字义》，主要阐释朱熹的理学思想。可见黄以周最终目标依旧是引导唐文治将汉宋融为一体。

书院招收的学子学术背景也是汉宋并驾齐驱。唐文治回忆毕光祖时曾说：

---

① 艾尔曼：《从理学到朴学》，江苏人民出版社，2012 年，第 96 页。

② 同上，第 97 页。

③ 李殿林：《南菁书院改办学堂章程》，载《中国书院学规集成》（上），中西书局，2011 年，第 276 页。

④ 赵椿年：《覃研斋师友小记》，载北平《中和月刊》第二卷第三期（1941 年 3 月），第 2—9 页。

⑤ 唐文治：《黄元同先生学案》，载《茹经堂文集》卷二，1927 年刻本。

余与君偕赴南菁试,余方潜研性理,君务博习多闻,人或相嘲以汉宋门户,不知余固祧许郑,君亦服郑朱,相师而不相非也。①

在此学风的倡导下,学人群体治经便各有偏重,唐文治"尤与宋五子为近",善性理之学;与之不相上下的张锡恭则于汉学致力精深:

自定海黄元同先生主讲南菁书院,江左俊彦,亲炙门墙,达材成德,不乏其人,而以娄县张闻远孝廉锡恭、丹徒徐善余明经庆年、太仓唐蔚芝侍郎文治、江阴章琴若太史际治四君,尤为高第弟子,若七十子之有颜、闵焉。元同先生之学,覃精三礼,兼苞汉宋,门弟子学焉而各得其性之所近。闻远、善余于汉学致力至深;蔚芝、琴若初亦治汉学,而践履笃实,希圣希贤,尤与宋五子为近。四人者,皆余四十年前旧同学也。②

不仅如此,学子的分化也颇为微妙,陈玉树就曾鄙视书院中专攻训诂词章的同学:

同学者数十人率多沉溺于词章训诂琐屑无用之学,罕究心于经济气节两途,即伦理亦未及之矣。③

这一方面可说明书院内学风自由,不同学术背景的学子可并存;但另一方面也暗示着晚清吴地学术发展的真实倾向,有助于我们正确认识书院教育与汉学(考据学)的关系。

从许郑并尊到朱郑并尊,吴地的学术生态已经发生悄然变化,在传统与经世的双重认同下,经学群体的研究取向不再单一视汉学为正统,其内部已发生复杂的分化。那书院中的苏州生徒是固守还是转变,是停留还是向前?

二、课艺中的"蜕变"信息

南菁书院选编课艺遵循"辑课作简其深训诂、精考据、明义理之作"。若将苏州学子作为一个群体进行考察,众生徒的课艺并非"深训诂",优秀生徒的"明义理"之作似乎更受山长喜爱。南菁书院收录苏州学子课作情况如下:

唐文治:《读汤誓》《乐无大夫士制说》《乐无士大夫解》《月令

① 唐文治:《黄元同先生学案》,载《茹经堂文集》卷二,1927年刻本。
② 孙雄:《清故翰林院修章君琴若墓表》,载《旧京文存》卷八,1931年铅印本。
③ 陈玉树:《后乐堂文钞续编》卷九附录,光绪二十九年(1903)刻本。

习五戎解》《读焦氏〈孟子正义〉》《读陈同甫与朱子论汉唐书(上下)》《读陆象山先立乎其大说》《汲黯论》;

陶承璐:《陶侃讨苏峻论》《"南海"解》;

毕光祖:《迁书传〈儒林〉不传〈文苑〉说》《延陵卓子承苍龙挑文之乘赋》;

丁国钧:《彻广六尺解》《读墨子》;

潘昌煦:《〈诗序·鹿鸣〉群臣嘉宾〈四牡〉〈皇皇者华〉使臣说》《汉儒编辑〈礼记〉自大小二戴外复有几家试详考》;

金文楳:《读陈氏〈毛诗传疏〉》;

陈开骥:《〈左传〉大武六章与〈诗〉序异何说》《释坤二爻义》《乃得周公所自以为功代武王之说》;

汪凤瀛:《干祿说》;

程　镳:《克字仪父说》;

胡玉缙:《释貁、狖》《读〈汉书·西域传〉》《汉十月大饮礼考》。

经统计分析可知:

其一,从数量上可以看出唐文治的课艺数量最多,且远远超过他人;其次是胡玉缙与陈开骥。其中唐文治是光绪十八年(1892)的进士,胡玉缙是光绪十七年(1891)举人,陈开骥是光绪二十三年(1897)举人,三者都是取得较好功名的学子。这间接证明了科举功名与书院成绩优秀与否的正比相关性,说明了仕途功名依旧是优秀学子重要的追求目标,科举与书院中的研习并不对立。

其二,就课作而言,苏州生徒涉及汉学(考据学)的研究多是泛泛而谈,甚至可以怀疑部分是敷衍而作。例如金文楳的《读陈氏〈毛诗传疏〉》,仅是概述陈奂、胡承珙的学术传承与特点,并没有经常考据与论证;潘昌煦的《汉儒编辑〈礼记〉自大小二戴外复有几家试详考》,大部分是学术史料的罗列,且最后的结论恐有误。相比之下,单从数量上看,尊奉程朱、擅长理学的唐文治已是鹤立鸡群,并且其课作也更加优异,如《汲黯论》,全文批驳王船山汲黯"挟黄老之道,非侮尧舜……"之说,论证严谨,层次分明。这直接证明了书院在评判标准上高度认可宋明理学研究,并未出现"汉学"取代"宋学",更未让考据代替义理。

其三,课作题目是生徒根据自己的兴趣与专长自行选取而作,但书院公开发表的苏州生徒的课艺中并未出现小学研究的相关课艺,为数不多的直接研究《说文》与《尔雅》的课作也均无苏州籍生徒,就连精研过《说文》的胡玉缙也仅仅被收录了一篇间接涉及名物考证的课作。如此数量上的落差,暗示南菁书院中的苏州生徒对乾嘉考据并不青睐。

从课作收录情况分析,南菁书院中苏州生徒感兴趣的似乎更偏向于理学、诸子学与史学。是否大家想绕过艰涩的文字训诂研究,择取易把握的主流学术课题进行创作,以更好地实现功名理想?要回答这个问题,则要先证明文字声韵研究对于大家而言的确是个难点,甚至难以突破。下面的例子或许能够帮助我们做一些判断。

三、茅塞难开的小学世界

南菁书院是重视音韵训诂之学的,黄以周在《南菁书院讲学记》中曾言:

> 今古已远矣!学者欲求孔圣之微言大义,必先通经,经义难明,必求诸训诂声音,而后古人之语言文字乃能了然于心目。[①]

可见"训诂声音"被黄认为是通经明义的必备之功。虽然书院学风上强调小学研习,但实际情况是否真能人人段王、家家许郑?乾嘉以来的考据学风是否真的以强大的力量持续孕育着每一位苏州学人?恐非。

南菁高材唐文治初入书院时,可谓名副其实的理学出身,自幼受教于理学名家王紫阳,学宗程朱。受业师黄以周得知后,便以顾炎武之主张劝勉他:

> 顾亭林先生有言,经学即理学,理学即经学,不可歧而为二。圣门之教,先博后约,子其勉之。[②]

黄以周此时搬出同邑朴学大师顾炎武对唐进行规劝,似乎想利用顾炎武这一考据宗师的人格榜样激励他,使其全面发展。唐氏由于得到黄以周的指点,在训诂考据方面有了进步,因此自称"于经学小学亦粗得门径"。然而即便是"粗得",唐氏也吃尽了苦。唐氏《南菁书院日记十六则》[③]详细记录了他学习情况:

> 初二日:检《说文》汇字,本训为虫,俗作蝟。作猬即此字。又至藏书楼检《释文》。……七月汉学列超等第六名,宋学列超等第一名。八月汉学列超等第三名。

---

① 黄以周:《南菁书院讲学记》,碑文现存于江苏江阴市南菁中学。转引自刘玉才《清代书院与学术变迁研究》,北京大学出版社,2008年,第187页。

② 唐文治:《茹经先生自订年谱》,载《茹经堂文集》,1927年刻本,第2250页。

③ 唐文治:《南菁书院日记十六则》节选,载《唐文治文选》,上海交通大学出版社,2005年,第1—7页。

唐氏的学业成绩值得注意，汉学是超等第六，宋学却是超等第一。这似乎在暗示其学术禀赋与兴趣实不在汉学，而随后的日课记录，则更加印证这一事实。

> 初六日：晨起，临《就成宫》百字。读《说文》"一"部，"二"部。先取《王氏说文句读》校段本。先读许君原注，帝篆下，《说文句读》载桂氏，严氏说，谓古文诸丄字下皆后人所加。蒙亦未敢肊断。二篆下段本云，从反二为二，《说文句读》无此五字，而有指事二字。桂氏曰，指事二字后人所加。又二部段本作二，《说文句读》与桂氏义证皆作丄；二段本作二，句读与义证节作丅。至丄篆段作丄，句读义证皆作？丁篆段本作丁，句读义证皆作口。按示部次二部之下，似段本为是……读段注元篆下从一兀声。徐锴云：不当有声字，谓于六书为形声也。案形声者，谓半义半声，是元字一为半义，兀为半声矣。然元与兀字声既不类，何以云相为平入？质性钝，真读书苦况也。又段注字曰，旁与溥双声。因思双声叠韵，不知如何可明？又段注帝篆下有《春秋元命苞》《春秋运斗枢》，此二者不知何时之书？天甚燥热，因与剑秋兄散步。灯下抄《北溪字义》三页，顾序、戴序。此书得见狂喜，此后限定抄三页一日，课期则辍，三十余日可毕。即睡，夜梦颠倒不清。

在该日学习中，有下列重要信息：

其一，南菁书院藏书楼为学子的日常研习提供资料查阅。唐氏在书院中研习《说文》主要参考书籍是段玉裁《说文解字注》、王筠《说文句读》、桂馥《说文解字义证》，也就是常见的"说文四大家"中的三家。这反映出"说文四大家"于晚清江南书院经学研习中的重要影响。

其二，唐氏在学习中采用的方法是对读之法。"先读许君原注"，再考段、王、桂三家之异同，最后再进行自我的思考。这一点亦遵循着清儒考据之正宗，这应该得益于黄以周日常的指导。

其三，唐氏因段玉裁与徐锴对"元"的注文产生疑惑，并且对"旁"与"博"如何是双声叠韵之关系不得其解。案，"元"为指事字，非为形声。唐氏对《段注》的理解有误，《段注》的"凡言从某某声者，谓于六书为形声也，凡文字有义有形有音"非在解释"元"字，而是对形声字的定义，重在突出"凡言从某某声者"这一重要凡例；其次，"元"字疑母元部，"兀"字疑母物部，二者声纽相同，韵部元、物可对转；"旁"字为并母字，"溥"字为滂母字，均为帮组字，二者双声无疑。这些基础的字形与音韵常识在唐氏已有的知识体系中并不具备,学习起来十分吃力。

其四,《春秋元命苞》与《春秋运斗枢》两书,是经学研究中的谶纬之学,但是唐氏竟言"此二者不知何时之书",足见经学涉猎尚浅,已有的知识体系中并没有多少汉学的影子。

> 十四日:晨起,临《九成宫》六十字,抄《字义》一页,说立志曰:"人若不立志,只泛泛地同流合污,合乎污世,便做成甚人?"因思吾辈尤易失足,谨之!谨之!毋为小人之归。午膳后,取所抄《字义》点校。适夫子传见,教以须学字母,并喉音、唇音、牙音、齿音、舌腹音、舌头音之分……后取段氏《音韵表》阅之,茫然不得其纲领,竟昏昏欲睡。即圈《说文》数篆。灯下刘淮生兄借《李氏音鉴》阅之,见其分春满尧天溪水清涟诸字母,而于舌音齿音等皆不言,仍不得其纲领,闷极,姑置之。
>
> 随取《春秋大事表》读《孔子成春秋而乱臣贼子惧论》《郑庄公三论》《卫石碏论》《郑烛之武论》,均极有见识。论烛之武以为启秦晋之隙,与楚国之患,尤为确当。即睡。

至十四日,唐氏继续研习音韵学,情况如下:

其一,夫子在该日传见了唐氏,教以音韵学,且内容十分基础,从字母发音开始,这基本属于启蒙阶段。

其二,段玉裁的著作依旧是唐氏重要的参考资料,但阅后居然"昏昏欲睡"。足见唐氏对段玉裁的学术研究毫无兴趣。

其三,唐氏与同学借阅李光地《李氏音鉴》,面对字母与发音部位仍然"不得其纲领",甚至觉得"闷极",于是闲置。可见音韵学对于唐氏而言是多么枯燥乏味。

> 十五日:至书楼领取字典并《音韵微阐》二本,归斋,取字母读之,音仍不能分得明,而牙音与齿头正齿更觉分不出。杨芷兄又惠借刘融斋先生《说文双声叠韵》,又有开口正音,开口副音,合口正音,合口副音,齐齿,撮口之目。又有字母清浊图。孙季兄又惠借《切音便览》,头绪愈纷,心思愈杂。专读字典字母,而于十二摄韵首法,及切字样法,广门狭门诸目,翻阅竟日,懵然不得一义,奈何?奈何?拟明日执卷进质问夫子。灯下阅《音韵阐微·凡例》。

唐氏研习音韵至十五日概况:

其一,读音无法正确区分,牙音与齿头、正齿音"更觉分不出"。

其二,对于十二摄韵首法与反切,依旧"懵然不得一义",自叹奈何,决定次日请夫子。

其三,《音韵阐微》应是南菁书院音韵研习的重要教材。该书是清初的官修韵书,是研究汉语近代官话音系和反切改良的重要材料。由此可见书院音韵教学的教材选用的是理学大家之作,研习偏重是音系与反切。

> 十六日:晨起,临《九成宫》六十字,阅《说文双声》。午膳后阅《李氏音鉴定启蒙》乙卷,系取人物花鸟颠倒相切,说虽明了,然仍无提纲挈领处。因进质夫子,命录《音韵阐微》并写示式样。退出,私信窃喜悟得诸韵,录出则随一字,皆有四字随口而出,因之可以究其音也。因取韵部及大音式样录出。灯下,录牙音韵共三十余音。
>
> 十七日:午后阅《音韵阐微》,见有冬江诸韵,系殷氏右韵所无,因取其牙音补录出又十余音。蒋秀章来取书去。录《字义》一页。

唐氏阅读了《说文双声叠韵》与《李氏音鉴启蒙》,仍感无提纲挈领处。于是请教老师,老师通过让其抄录《音韵阐微》。唐氏于是"窃喜悟得诸韵"。反复抄录字书、韵书,主要用于加深记忆,而后自明凡例,融会贯通。这是清儒小学入门采用的基础学习之法。

作为对南菁书院日用言动的记载,唐文治的日记清晰地展现了他研习小学的艰难历程。我们可借以展开思考:

其一,南菁书院在音韵教学上十分重视李光地的相关著作。该书虽是清朝官修韵书,具有权威性,但我们更应该看到李光地是理学大家,尤精程朱之学。至此,可知南菁书院小学教育虽然保留一些传统朴学的方法,但官方辅助教材依旧采用理学家们的讲义、语录和注疏。可见即便是汉学大家执掌的书院,理学的知识形态依旧占统治地位。

其二,唐文治作为书院中的佼佼者况且如此,足见当时书院中小学训练与教育情况并不乐观。这或许也能说明为何书院课艺中收录的小学课作偏少,总数仅十余篇。故乾嘉朴学在南菁书院的教学评估体系中并不会居太高之地位。

其三,唐氏年谱记载其幼年学习并非由朴学入门,开始接触《尔雅》是到了二十二岁,其目的也是为了服务于《周礼》《仪礼》,以通经致用,并非要进行专门研究。故后来成为经师名家也依旧偏重程朱理学,提倡经世之学。如果我们再对同时期其他苏州学人的年谱进行考察,可以发现至少在晚清吴地,社会的中上层家族中乾嘉朴学的教育并非普及,青少年日常喜读之书未有《广韵》《尔雅》《释名》等专书,专门的文字声韵研究更未深入童蒙的日常的学习之中,家族教育所提倡的主流教育依旧是有助于士人博得功名的性理、词章之学。

有清一代的学术风姿,人们似乎总偏向以乾嘉之学冠之。不论在论及书院还是科举等相关问题,尤爱突出乾嘉学派的渗透力。这种经验主义不仅无法让我们正确认识一代学术之思潮流变,更容易产生清代所有学术大家均备受乾嘉朴学熏染的错觉。透过南菁书院与苏州学术群体,我们可以清醒地看到这种所谓的朴学教育并非人人青睐,更不是每位经师名家都热衷于它。

四、另一番景象:纪念与复刻

与南菁书院相比,开创于光绪十四年(1888)的苏州学古堂是另一番面貌。创办者黄彭年企图通过此举复兴苏州在汉学全盛时期享有的中心地位①。同样号称学风继承诂经精舍,走得确确实实是乾嘉朴学的老路。

学古堂的札记有大量的小学研习之作。《说文》《尔雅》的研究在这里显得生机勃勃,成为晚清苏州地区古学复兴的象征。据诸可宝《学古堂记》记述:

> 聘学长雷深之先生主讲席。高材生胡玉缙、章君钰为斋长,任典守渐陶之责,嗣复拔语及门吴生寿萱为算学斋长,示有专家。……以余为诂经旧生徒也,于训诂、词章、六书、九数曾识途径,檄令理董其事。又参仿莲池事例,订定课程,率循罔越。开堂逾岁,敬业乐群,彬郁可观。②

从上文可知,学古堂聘请的山长学术领域多在考据校勘,雷浚深研文字声韵之学,著有《说文引经例辨》《说文外编》《韵府钩沉》等,胡玉缙则著有《说文旧音补注》,章钰擅长校勘,对《资治通鉴》《读书敏求记》考据尤精。

学堂仿莲池书院,并刻有《学古堂日记》,为学子研习经典之札记。雷浚在序言中道:

> 设日记,每日所读之书,有所得,有所疑,皆记之,以俟论定,而谬以浚之为长,月终诸生汇录所记,各条呈于学长,评是非,定甲乙。善者奖之,不善者纠正之,有跅驰不受约束者则屏之,法至

① 参见艾尔曼:《从理学到朴学》,江苏人民出版社,2012 年,第 197 页。

② 诸可宝:《学古堂记》,载《学古堂日记》,光绪二十二年(1896)刻本。

周也。[①]

"评是非""定甲乙""善者奖之""不善者纠之",这依旧是一套严密的书院教育体系,山长的教学引导使得收录课作的标准也有了变化,呈现出与南菁大不同之貌。

苏州学子课作多为考据训诂一类,注重校勘。苏州学子习作收录如下:

杨庚元《读毛诗日记》《读尔雅日记》,金宏涂《读尚书日记》,王仁俊、陆锦燧、董瑞春、包锡咸等人的《读尔雅日记》,费廷璜与冯世澂的《读说文日记》,顾树声《读周易日记》。

其中尤以《尔雅》与《说文》的数目为最多,对《尔雅》的研究,苏州生徒主要有两大特点:

其一,关注点主要在《尔雅》郑玄注的问题。大家都基本认可郑玄注过《尔雅》,并主要利用《周礼注疏》与《慧琳音义》进行论述,其中王仁俊、董瑞椿还相信《史记索隐》中的内容。

其二,资料征引上都善于利用《说文》与《尔雅》的注文关系进行异文、字用的辨析。如陆锦燧《读尔雅日记·序》言:

> 夫欲通传注之诠释为经籍之枢要者,莫如读《尔雅》。……考《尔雅》所释,遍及群经,而独云叙诗人之兴咏者,以篇中释《诗》为多……是以《尔雅》与《诗》实相表里,而蒙谓《雅》与《说文》尤相表里也。何者?《尔雅》所详,皆字之用,《说文》所详,皆字之体。[②]

王仁俊《读尔雅日记·序》云:

> 仁俊受性梼昧,学殖荒芜,肄业《尔雅》才知从事小学。近读蜀大字注本就阮元栞本斠其异同,成校勘记三卷。乃竱以许书校《尔雅》,故求其正字,凡群书所引异文、逸文、古注亦条记之。[③]

学古堂教学对《说文》学亦重视有加。自古吴地经学就深受段王之学的影响。发衍至晚清,苏州经学群体的《说文》研究早已经变为"段氏之学"的研究。学古堂生徒研习《说文》有以下特点:

其一,学术理路上,多将《说文》与其他传统小学文献对读,如《玉篇》《释名》等,并征引、比堪《段注》,体例上亦多模仿《段注》,多对通假字、古今字及俗体字进行辨析。如费廷璜的《日记》就利用《玉篇》与《说文》对读,进

① 雷　浚:《学古堂日记·序》,光绪二十二年(1896)刻本。
② 陆锦燧:《读尔雅日记》,载《学古堂日记》,光绪二十二年(1896)刻本。
③ 王仁俊:《读尔雅日记》,载《学古堂日记》,光绪二十二年(1896)刻本。

行了大量的字用辨析。

其二，日记中透露出了对段氏《说文》学推崇与信仰。冯世澂在《读说文日记》中就言：

> 我朝鸿儒辈出，靡不覃精小学。研求形义于许氏之书类，能校辨释辨证折衷一是，而萃数十年之力，征引钩索，声义兼详，裒然为一代巨制者，则必推金坛段氏……
>
> 《注》为许学之大宗，是固汶长之功臣，邑里之绝学也。愚窃以为治小学者，必以许氏为祖。而段氏之注尤足辅佐许氏，以成千秋绝业，诚非饤饾小儒，一知半解所得而窥测者。而顾龂龂焉肆，其排击抑亦妄矣。然或拘泥墒守谓大儒箸述，援引精审，更无事参以考订斯，又乌足为通人之论乎？
>
> 盖尝窃不自揣，拟逐加校正，随读随记于其引据各书表以篇目而又正其夺讹辨其异同，有段义所未及或段义所未安而可参一说者，辄以己意附之许氏原文。段书或用大徐，或用小徐，或据《篇韵》《释文》诸书，辄加参改，亦必考复悉著于篇，而徐氏《匡谬》、钮氏《注订》有未足纠正段氏深文经诋而转近支离者，尤必辨正焉，意惟推崇段氏而求其至，当视两家之专事，吹求区区之意或微别耳，爰逐记如左。①

清代精研《说文》的名家很多，最著名的即是"《说文》四大家"，但冯氏仅提段玉裁，足见对段学高度尊崇。在最后还强调"意惟推崇段氏"之主旨，并对徐、钮诋毁支离之处要"尤必辨正焉"。

钮树玉《段氏说文注订》与徐氏《说文段注匡谬》均是对《段注》的修订，晚近以来也被认为是精研《段注》的必读之书。如长洲潘钟瑞在徐氏《匡谬》的跋文中言：

> 至其书博通综核，足与吾吴钮氏匪石《说文注订存》并传。钮氏简而精，徐氏辨而晢。虽其抉摘瑕隙，间有一二深曲之文，而大意平允，往往令人怡然以解。洵叔重之功臣，茂堂之诤友，而亦鼎臣、楚金之贤后起也。②

但冯世澂却认为两人均"皆嫉妒盛名，有意攻击如何"，尤对徐氏评价

---

① 冯世澂：《读说文日记》，载《学古堂日记》，光绪二十二年(1896)刻本。

② 王欣夫撰，鲍正鹄、徐鹏标点整理：《蛾术轩箧存善本书录》，上海古籍出版社，2002年，第825页。

不高：

惟是书成之时精力就衰，往往记闻多误，更不参检，本书十得一失，固所未免。是以徐氏承庆，钮氏玉树皆从而匡之，不遗余力。钮氏《注订》举正处多有依据，徐氏《匡谬》其书例与钮殊，而纠正段氏至分别条目，各为一卷，都凡十有五卷帙，亦云緐矣。然两家之学大都皆忌嫉盛名，有意攻击如何，邵公所谓入我之室操我之戈者，两先生有也。

与冯氏持有相同态度的还有吴县的王欣夫，他对钮氏《注订》有评价：

今观《说文段注匡谬》，李莼客以为恶谑毒讥，一若讦讼切齿之辞者，疑亦有所激而为也。惟钮匪石树玉《说文段注订》稍为平实，诸家所得，虽有足使茂堂俯首者，然以著述为报复之失，终非儒者雅度。①

文中提到李慈铭认为是徐氏恶意攻击，而王氏在此虽然言钮氏"稍为平实"，但总体上依旧认定"诸家所得，终非儒者雅度"。

会出现上述学者的苛责，除去传统的学术尊崇以外，恐怕还因该时期学人的《说文》学水平已远不及乾嘉之时，即便热衷于对《段注》的考辨，也多有误。应该说，段玉裁的《说文》研究在苏州学人心中地位是很高的，甚至近乎无人超越的境界。对《说文》的二重研究虽是苏州地区朴学活跃的重要体现，但这实际上仅是学术圈内的一个小团体对段玉裁学术的考究与追随，并未发衍出辉煌的成果。

乾嘉学术终究只是一种"技术"，从事小学研究更需要大量的时间与人力成本，但却难以精深，更难以得到认可。这样的特性决定了前人辉煌成果是相当难以超越的。对于晚清深受经世学风影响的普通士子而言，想必不会有大量的人愿意放弃功名理想，献身于其中。例如学古堂中的陆锦燧，使其名声大振的竟是其医学著作，无论是职业还是研究对象，早已经与朴学毫无关联。当社会的主流意识离古学越来越远时，纵使学术群体内部有力量试图复兴，也终究会是昙花一现。

余　论

由上述建立在文献基础上的分析，可获得以下重要结论：

---

① 王欣夫撰，鲍正鹄、徐鹏标点整理：《蛾术轩箧存善本书录》，上海古籍出版社，2002年，第825页。

其一,教师引导,学子自主研习的课程结构,普遍存在于晚清江南书院的经学教育中。经学课艺的选题依然固守传统六经,但也兼顾科举应试,这点在南菁课艺中较为突出。课程结构上,老师讲授为辅,学子自学为主,并要求每日程功并撰写治经心得;材料的搜集和考证工作是书院经学教育极为重视的,因此书院通常都配置有藏书楼,供学生查阅写作;材料收集过后便是“以经证经”之法的使用,尤重书籍文稿之校雠及订定,以及短篇考证论文的撰写;考核体系则依据山长评定优秀作业,收录于公开文集中,予以发行。

其二,书院要求生徒撰写心得,不过是培养写作能力最基本的一环,刊刻出版才能走上获取公开评价更广阔的平台。生徒在书院的课艺著作,在当时很可能就是在经学研习圈获得认可的重要条件,尤其是对一个初学者来说,其作品能够被老师看中,往往具有很大的激励作用,一方面可以使自己的观点获得重新验证、认可,另一方面也可以得到更多学友与长辈公开客观的评价,对考取功名也有强大助力。从这个层面来看,南菁书院与学古堂集中刊刻发行优秀学术著作,可视为晚清经学群体为近代学术塑造客观价值的重要活动。

其三,从黄以周与唐文治师徒的例子,可知南菁书院的治学倾向并非过分专注于汉学,生徒们的学术兴趣也偏向理学与史学,并且崇尚程朱之学的生徒成绩优异,被标为榜样,这使我们对南菁书院的学术偏重有了新的认识与界定。唐文治极具代表性的书院日记资料与南菁书院的朴学教育实况,让我们看到了乾嘉朴学影响力在清中晚期的“乏力”之态,社会主流意识中理学的影响远远高过朴学。

其四,学古堂中《说文》与《尔雅》研习的复兴展现了晚清苏州朴学的最后活力。这种活力的重要表现是对《说文》的二重研究,即热衷于对《段注》的订补修正。但学人群体的整体朴学研究水平依旧不高,即便偶有个别出彩之作也会被学术界最终的价值评判所掩盖,人们终究是会将传统学术偶像尊奉为一种难以超越的信仰。这或许能够解释为什么晚清以来苏州地区一些朴学研究者一生都默默无闻,甚至毕生之学也得不到子孙后辈的传承。

其五,从书院的课艺文本分析,生徒们进行经学专书的学习,主要是采用比勘对读,这在学古堂中尤为明显。我们还可以发现,曾经分明的诸派对立与师门歧见开始消融,大家在经学观或者解释系统上开始有妥协,汉宋之分,义理与考据之界已经变得模糊,这或许是标准化的技术程序(科举)的追求缩减了他们彼此之间在处理材料和看待问题等方法上的距离。传统经学研习的“怀疑—考证—诠释”规律,在书院教育这个载体中,不再是一个可以独立存在的视角,更多了一层“技巧”与“规范”,这更有利于士子实现经世理想。

南菁书院与学古堂两股不同的学术力量充实着晚清苏州经学群体的内涵,书院日记与课艺等文献不仅为我们探索晚清苏州学人群体提供了丰富的线索,更为我们正确把握清代学术思想的流变提供了新的参考。

参考文献

[1]徐雁平:《清代东南书院与学术及文学》,安徽教育出版社,2007 年。

[2]王桐荪、胡邦彦、冯俊森等选注:《唐文治文选》,上海交通大学出版社,2005 年。

[3]赵所生、薛正兴:《中国历代书院志》第 1 册,江苏教育出版社,1995 年。

[4]陆阳:《唐文治年谱》,上海三联书店,2013 年。

[5]邓洪波:《中国书院学规集成》,中西书局,2011 年。

[6]刘玉才:《清代书院与学术变迁研究》,北京大学出版社,2008 年。

[7]雷浚:《学古堂日记》,南京大学图书馆藏,光绪二十二年(1896)刻本。

《御制避暑山庄诗》略谈

郭　晶

《清通志》卷三十五《都邑略四》之“避暑山庄”篇云:“在古北口外之热河……本朝初内属名曰‘热河’,圣祖仁皇帝康熙四十二年(1703)建行宫于此,名曰‘避暑山庄’。”故避暑山庄又称热河行宫。《清通志》卷二十四《地理略》又记:“承德府,雍正元年设热河厅,十一年(1733)改为承德州……乾隆四十三年(1778)改设承德府。”所以避暑山庄亦称承德离宫。

避暑山庄是清前期和中期帝王夏季避暑的宫苑,同时也是皇帝处理政务的第二场所,具有一定的政治功能。肇建于清康熙四十二年,至乾隆五十七年(1792)方竣工,历经康熙、雍正、乾隆三朝,耗时89年,主要分为两个阶段建设,第一阶段从康熙四十二至五十二年(1703—1713),避暑山庄初具规模。康熙皇帝题“三十六景”。第二阶段,从乾隆六至十九年(1741—1754),乾隆皇帝扩建避暑山庄,并仿其祖父,又题“三十六景”,合为“七十二景”。

清康熙五十年(1711)山庄正殿修建完毕,规模初显,康熙帝亲巡视察,感于园中之胜景,以四字为名题写“三十六佳景”,附三十六首诗,并亲撰《御制避暑山庄记》以明“人君之奉,取之于民,不爱者,既惑也”之志。后又命揆叙为诗作注、沈嵛据诗绘图、朱圭等据图刊雕,最终辑成清康熙五十一年(1712)内府朱墨套印本《御制避暑山庄诗》二卷。从内容上说,此书集诗和画一体;从技艺上说,集绘、刻、印于一体,具有重要的文学价值、艺术价值和版本价值。

一、《御制避暑山庄诗》其诗

诗,情之表者;词,意之隐者。上至天子,下至百姓,自古就有托物言情、以诗明志的历史。康熙帝通过对三十六景的描述与赞美,表达出了胸怀天下、心系百姓的帝王之志。

《御制避暑山庄诗》分为上下两卷,上卷十六首景诗,下卷二十首景诗,合为三十六首景诗,依次是:烟波致爽、芝径云堤、无暑清凉、延熏山馆、水芳岩秀、万壑松风、松鹤清越、云山胜地、四面云山、北枕双峰、西岭晨霞、锤峰落照、南山积雪、梨花伴月、曲水荷香、风泉清听、濠濮闲想、天宇咸畅、暖溜暄波、泉源石壁、青枫录屿、莺啭乔木、香远益清、金莲映日、远近泉声、云帆月舫、芳渚临流、云容水态、澄泉绕石、澄波叠翠、石矶观鱼、镜水云岑、双湖夹镜、长虹饮链、莆田丛樾、水流云在。

三十六景诗诸体兼备,有五言古诗、五言绝句、五言律诗、五言排律、七言古诗、七言绝句等。通过诗歌描绘避暑山庄的建筑风格及园林景致,山庄中任意一物,如山石、草木、游鱼、流水等景物皆为诗人的吟咏对象。每首诗篇篇写景,句句言情,但是在字里行间中,流露出了诗人济世苍生之志向,勤政爱民之思想。

贯穿始终三十六首诗的主题是"勤政",多处提及"宵衣旰食"。《芝径云堤》:"万几少暇出丹阙,乐水乐山好难歇……连岩绝涧四时景,怜我晚年宵旰忧。"《无暑清凉》:"意惜始终宵旰志,踟躇自问济时方。谷神不守还崇政,暂养回心山水庄。"御制序中亦云:"或旰或宵,不忘经史之安危,劝耕南亩,望丰稔筐筥之盈。"康熙帝虽醉心于山庄之景,心向往之道家的"清静无为",但心怀苍生,在山庄的短憩皆为寻济世之佳方,更好地回归朝政。

《清史稿 · 本纪六》之《圣祖本纪一》云:"朕夙夜求治,念切民依。"仁政爱民也是康熙帝在诗中所要表达的情怀。《芝径云堤》:"测量荒野阅水平,庄田勿动树勿发。自然天成地就势,不待人力假虚设……游豫常思伤民力,又恐偏劳土木工。命匠先开芝径堤,随山依水揉辐齐。司农莫动帑金费,宁拙舍巧洽群黎。"《莆田丛樾》:"留憩田间乐,旷观恤闾阎。丛林欣赏处,遍地豫丰占。"康熙帝一直坚持"民为贵,社稷次之,君为轻"的爱民思想。建山庄要依地势而造,避免百姓举家外迁之劳。流连山清水秀时,却想到了百姓农事劳作之艰辛,抒发了对百姓疾苦的无比同情与感慨。

二、《御制避暑山庄诗》其画

版画,就是在原有绘画基础上,在木板、石版、铜版等不同材料的版面上,通过手工雕刻印刷而成的一种绘画。可有限制地复印出多份不影响其艺术价值的原作,最早的版画形式是木刻复制版画。清代宫廷版画就是其中之一,因其版画作品存世数量多、内容丰富、保存完整而著称于中国版画史上。

清代宫廷版画因多刻于武英殿,又称"殿版版画",在明代宫廷刻书基础上发展而来,到了清代康乾时期,得到了繁荣发展。太平盛世,民众精神追求日益增多,书籍中附带插图,不仅利于阅读,而且更利于当朝政权的政教宣扬。因此,这时期产生了大量的版画作品,作为插图配在了许多经典著作中,诸如:《御制耕织图》《御制避暑山庄诗》《新制仪象图》《御制圆明园四十景诗》等。

《御制避暑山庄诗》是清代康熙朝著名的宫廷木质版画,书中36幅插图,以鸟瞰全景构图方式再现了皇家园林山水、亭台楼宇等行宫美景。因其精美的绘图、精良的版刻、润泽的朱墨和考究的装潢而闻名于历史。书中最末一图左下角镌有"沈嵛绘图,朱圭、梅裕凤刻"等字,知此书插图底本是清宫廷画家沈嵛据御题诗歌之意绘图,由雕刊名手朱圭和梅裕凤依图刻板而成。

沈嵛,字玉峰,奉天(今沈阳)人,正黄旗,官至内阁侍讲学士。善画山水。绘过《避暑山庄三十六景图》和《雍正御制圆明园画咏》。朱圭,字上如,吴郡(今苏州)专诸巷人,曾任鸿胪寺序班。善绘事,工雕刻。曾刻《凌烟阁功臣图》《御制耕织图》《无双谱》等书的插图。梅裕凤生卒籍里未详,传世作品有《御制耕织图》一书的插图。此三人皆为宫廷名匠。

清代初期和中期,内务府造办的"画作"和"舆图处"是专门管理、制作图画和地图的机构。画作的绘制是在清代宫廷图画制作制度以及奏折下令的控制下,并受上层官员和皇帝的筹划、要求及控制而产生的。因此,都带有一定的政教宣扬功能。画师与刻工均不可任意发挥,须严格按照圣意创作。这三十六幅插图通过纪实方式,既准确再现了诗歌所要展现的园林景致,又为帝王文治武功留下了生动的盛世场面,烘托出了康乾盛世的恢宏荣耀,表现出了浓郁的宫廷艺术氛围,富有独特的历史资料价值。

三、《御制避暑山庄诗》其版本

此书框高19.9厘米,宽13.5厘米。半叶6行,每行字数不等,小字双行20字,白口,四周双边,无直格。中国第一历史档案馆编的《康熙朝满文朱批奏折全译》记录了此书由武英殿总监造和素及内务府李国屏监造,并收录了关于刊刻此书的往来奏折。

康熙五十一年(1712)七月二十二日,和素与李国屏上奏云:"臣等恭谨查得《热河避暑山庄三十六景诗》计两卷,九十二篇,交五十名工匠速套板镌刻,以刻样各三套刷完略算之,八月初可得。"按照预期,八月初一日第二次上奏云:"已刷之《避暑山庄诗》上下二卷内,奉旨改正五字,改正后,各钉三本具奏。……现《避暑山庄诗》用哪种纸,刷多少部,降旨后,奴才将板恭谨整治毕印刷之。”康熙帝朱批:“二百部。”八月初七日第三次上奏云:“七月二十四日,张常住咨称,奉旨:‘热河三十六景’,每景各画详图二张,一张于绢板刊刻,另一张交报带去,于木板刊刻可也……画完之二张画交报带去,伏乞命朱贵、梅雨峰以木板刊刻,等语具奏。将此示朱贵、梅雨峰观之。伊等称:‘刊刻此画时,枣木板才可用。’”次年,即康熙五十二年(1713)润五月二十四日,康熙帝下旨:“《热河三十六景》,前肤缮记一篇带去,将此作速刊刻,订于先完之书前,多带几部来。”六月初八和素上奏:“印完《御制避暑山庄》记、诗、画后面的部分,现已订完。作为插入之函业经装完一部,谨奏。俟陆续装完再奏。”康熙帝朱批:“刻完之书甚好,甚恭谨。尔等于西洋纸刷一二部后放下,俟铜刊刻之画完竣之时,再汇集装订。若西洋纸多,能多印几部更好。”康熙五十二年七月,和素奏请印刷铜板数量时,康熙帝朱批:“只印四部妥善收藏。”另康熙五十二年九月初三日,和素、李国屏奏折中记:“《御制避暑山庄》满文诗三十部业经装完。”

此书字里行间中,屡现朱色圈点,确使用套版印刷而成,与奏折所云的“套板镌刻”相符。由这些奏折知,此书应成于康熙五十一年,康熙帝亲撰的《御制避暑山庄诗序》是在书成之后于康熙五十二年加上去的。因此,此书版本著录为清康熙五十一年内府刻朱墨套印本。此书汉文本成书之后,康熙帝甚是满意,便下旨用铜板刊刻此书,次年铜版的《避暑山庄三十六景诗图》与满文本《御制避暑山庄诗》同时行世。清乾隆六年(1741),乾隆帝另增三十六景、附诗三十六首,并以此为祖本重新刊刻而成了清乾隆六年内府刻朱墨套印本,故此书具有一定的版本价值。

此书现为全国多家图书馆收藏,并入选了《国家珍贵古籍名录》,同时《中华再造善本》(续编)工程也收录了中国国家图书馆所藏本,通过再造影印方式将其化身千百,服务学者,造福社会。

参考文献

[1]张秀民、韩琦:《中国印刷史》,浙江古籍出版社,2006年。

[2]翁连溪:《清代宫廷版画》,文物出版社,2001年。

[3]中国第一历史档案馆编:《康熙朝满文朱批奏折全译》,中国社会科学出版社,1996年。

[4]郝瑞云:《康熙避暑山庄三十六景诗情志浅论》,《河北民族师范学院学报》2012年第3期。

[5](韩)赵敏住:《清代宫廷绘画以及地图制作共有的制度史背景》,《南京艺术学院学报》2011年第3期。

[6]于海荣:《康熙热河诗歌研究》。

试论地方文献资源建设新路径
——以“长宁记忆”影像资源库为例

任国祥

地方文献是内容上具有地方特征的区域性文献,因其显著的区域性与独特性对地区经济发展和社会进步具有巨大的推动与促进作用。地方文献的资源建设是地方文献工作的基础,在互联网时代,只有创新资源建设路径,借助现代技术手段,尝试新的资源表现形式,才能持续地推动地方文献工作。

一、地方文献资源建设现状

(一)重要性

“地方文献是关于地方记忆的一切知识和信息载体,地方文献的核心功能在于保存地方记忆,传承地方文明”,所以地方文献对于研究当地人文、经济和地方发展情况具有很强的实用性和永久的历史价值。“地方文献资源又是规模化的地方文献有序集合体,必须具备地方文献,一定规模和有序集合三个要素”①,地方文献的独特性和不可替代的特征使地方文献成为当今图书馆收藏和利用的重点。

(二)难点

由于地方文献出版的零散与购置的不易,地方文献资源建设工作面临不少困境,许多地方文献专室每年新增品种不多,缺少规模,有序集合困难,读者稀少,关注度低,社会影响较小。由于地方文献是政治经济、文化教育、历史传承、民风民俗等地方文化的重要载体,所以是公共图书馆与高校图书馆历来非常关注的必藏类文献,也是图书馆服务工作重点,在当前态势下如

① 张利:《关于地方文献学若干理论和实践问题的思考》,载《地方文献论文集——萧山·地方文献国际学术研讨会》,三晋出版社,2010年,第229—230页。

不能适应互联网时代资源与读者的变化情况，不能拓展地方文献资源建设的内容与形式，就难以实现地方文献“存史、资政、励志”的功能。

二、创新资源建设的路径

地方文献资源建设是地方文献工作的基础与重点，在图文时代与互联网环境下，如何创新资源建设形式，进一步强化地方文献的表达与叙事功能，优化内涵与结构，如何更多地考量读者的需求，多形式展现资源建设的内容与形式，体现“地方记忆”，笔者服务的上海图书馆采编中心与上海长宁区图书馆联合作了不少的调研，进行了不少有益的探索与尝试，引起了业界的关注。

上海市长宁区地处上海中心城区西部，历史悠久，风格独具，历史与现代、民俗与异域文明的融合构成了长宁独特历史文化风貌，体现了海派文化重要元素与精粹。为更好地体现长宁的历史文化传承，考虑到地方文献资源建设中照片及影音类文献丰富的内涵、鲜明的时代特征和直观、形象、生动的特点，长宁区图书馆决定推出“长宁记忆”影像资源库，即以影像的方式，以数据库为主要的形式来刻画长宁的地方特色资源。在规划与建设的过程中以思维的创新导入资源库的建设，强化地方文献表达与叙事功能，注重目标与内容的充实与细化，优化地方文献内涵与结构，注重方法与形式的创新与多元化，为探索地方文献资源建设新路作了积极的尝试，取得了较好的成效，这些探索的实践对地方文献资源建设的创新不无启示。

（一）注重思维的创新

思维的创新是指人们在社会实践活动中，根据实践的发展和要求，对不断出现的新情况新问题作新的理性分析，对认识对象或实践对象的本质、规律和发展变化的趋势作新的揭示和预见。在所有创新中，思维创新具有基础地位和先导作用，所以思维创新是地方文献资源建设路径创新的关键，它会对内容与方法的创新起直接推动与引领作用。

面对互联网时代的读者，图书馆人应借鉴互联网思维，对图书馆服务的市场、用户、提供的产品、服务价值链乃至对整个服务生态进行重新审视与思考，然后经过思维的创新，才能实现资源建设路径的新探索，借鉴“一切历史都是当代史”的视角，借鉴互联网的用户至上，体验为王，注重流量的思维，才能解决地方文献资源建设难多元互动少的困境。在图文时代作好地方文献资源建设的创新工作一定要树立以下几种思维，才能从传统资源建设路径中突围，走出新路。

1. 创造思维——资源建设创新的关键

地方文献资源建设图书馆人除了需要加强文献采集外，还应“参与文献生产环节”，应借重借助技术手段，树立“创造”意识，充当文献的“上游”角色。特别是对一些经验知识、节日文化、手工工艺等领域的地方性知识范畴，对这些环节的场景的描述“借助现代化声、像、文字一体的技术手段，把与叙事场景密切联系地方性知识原生态记录下来，物化为文献”①，由此，可增加影像文献的建设形式，还增强读者对图书馆的依存感。长宁记忆影像资源库在民俗非遗方面的资源建设中，注重创造性，对一些民俗非遗方面的活动场景借助技术手段完整记录，较好地充当了“上游”角色。

2. 当代思维——资源建设创新的重点

借鉴“一切历史都是当代史”的视角，用当代人的视角与思维观照地方的历史与文化特色风貌，在全面展现历史文化风貌的同时，注意今天人们的兴趣点与关注点，着力挖掘一些超越时空的引起今人更多情感共鸣与思想兴趣的素材来重点刻画与演示，以突出资源库的时代价值与文化价值，增强读者对图书馆的满足感。长宁记忆影像资源库在历史沉淀、名人大师等系列的资源建设中，注重历史积淀对当今的城区文化有持续影响的重要事件的挖掘，注重名人大师们在当时转型的大变革时代的求索与奋进精神的挖掘，较好地顺应了时代的要求。

3. 用户思维——资源建设创新的基础

用户思维称为顺向思维，或者叫作对等思维，就是站在平等的角度看用户，它有明确的受众群概念，特别注重用户体验。资源建设创新的成果既是产品，更是媒介，要更多地关注今天读者的需求，特别是中青年读者的需求，将需求作为服务的先导与方向。还要考量流量，考量图文时代人们喜欢的样式，在内容与形式上进行多元尝试，以多媒体多形式展现地方的独特历史文化风貌，力求普适性与持续性，增强读者对图书馆的认同感。长宁记忆影像资源库在资源的建设与多形式揭示方面，介入了用户思维，作了许多新的尝试，力求更多的关注度与满意度。

（二）强化表达与叙事功能

地方文献资源建设是馆藏资源建设的重要部分，在新形势下，也应拓宽对地方文献资源建设的目标与内容的思维，强化地方文献的表达与叙事功能。这样才能走出资源建设的困境，力求将地方文献的资源建设放在整个

---

① 方允璋、谢水顺:《地方性知识与地方文献》，载《第二届地方文献国际学术研讨会论文集》，国家图书馆出版社，2009 年，第 106—107 页。

地方历史文化演变的大背景中考量它的价值所在,将地方文献的资源建设与时代的需求、读者的要求紧紧结合起来,将地方文献资源建设与地方的突出历史文化成就的“表达”结合起来,“地方记忆”既要还原历史,更要注重时代价值与精神价值的“叙事”。强化表达与叙事功能,就是要对目标与内容进行充实细化与提炼,概括起来就是要反映历史变迁,体现区域特征,挖掘时代价值。长宁馆对“长宁记忆”影像资源库目标与内容进行了全面的梳理、充实和细化后,将之定为描绘历史变迁、体现海派精粹、挖掘时代价值三个方面。

1. 描绘历史变迁

“长宁记忆”影像资源库是首部从区域历史文化角度全景描绘历史变迁的特色影像数据库,它从历史积淀、民俗非遗、道路溯源、建筑风情、名物衍变、名人大师等诸方面来展现地方的多方面特色与风貌及海派文化风范,反映长宁区域城市文明、城市民俗、城市文化演进的步伐,表达“长宁记忆”。

2. 体现海派精粹

“长宁记忆”影像资源库力求“叙事”海派文化精粹。上海作为历史文化名城与近代崛起的新兴城市的杰出代表,是人们认识了解近现代中国历史与文化的钥匙。上海西部的长宁以其独特的历史背景、地理环境与人文内涵,某种程度上也是上海演进的缩影,生动体现了上海海纳百川、兼容并蓄的海派文化特征。

3. 挖掘时代价值

从法华古镇的兴起到西方文明的输入,从民俗非遗的传承到海派艺术的崛起,长宁都体现着追求现代又不忘沉淀历史,立足本土而又吸纳异域文明的时代精神与价值。而这些时代精神与价值正是面临转型创新的社会生态所需要的,时代价值的提炼与挖掘正是强化表达与叙事功能的重要表现形式。

(三)优化内涵与结构

地方文献资源建设的创新是个系统工程,既要有进取的精神,也要稳健操作,既要按照地方文献资源建设的一般规律,也要积极创新,特别是要更多地关注用户的需求,增加用户的体验,优化“地方记忆”的内涵与结构,增强“地方记忆”内容张力与表现形式,通过扩大社会影响等方法来实现地方资源建设方法的创新。长宁区图书馆的“长宁记忆”影像资源库,在优化内涵与结构方面作了不少尝试,注重方法与形式的创新与多元化,既有多形式多内容的长宁突出历史文化成就的展示,又保持开放的结构,注意新资源的补充,既注意考量手机版数据库的开发,还考量与读者多形式的互动交流。

1. 载体形式多样化

地方记忆影像资源库采取多样的形式，可用电子书、影像的数字化、纪录片等直观、生动、形象的表现形式来体现“地方记忆”，刻画独特的历史文化风貌。长宁馆在这方面作了一定的探索，在“长宁记忆”影像资源库内既有与长宁文献直接有关的电子书与影像，以增强地方文献样式的多元性与观赏性，还有纪录片样式。纪录片内有反映长宁历史文化风貌的珍贵影像，还有亲历者的访谈，学者的思考，通过对这些至今仍然影响着我们的人物、民俗、建筑、名物的回顾，让人们更多地全面了解地方历史文化风貌。

2. 内涵揭示多视角

地方记忆特色影像资源库形式要多样，视角也应独特与现当代，应以当代的思维来观照“地方记忆”，如此才能有更多的思考与发现，才能获得人们更多的关注。“长宁记忆”影像资源库中有荣氏家族与味精大王吴蕴初的转型创业历程，有黄佐临、施蛰存等艺术大师的不懈磨砺精进，有长宁区内多项非物质文化遗产的现代演绎。在这里他们不仅仅是一个个孤立的杰出个人，还是一幅幅中西交融画卷里群体的雕像；在这里，江南丝作、古陶瓷修复工艺、沪剧、民间行街等20多项非遗项目不仅仅是一种种文化活动，还是一种民族精神的表现形式，传承的也不仅是文化项目，还是一种民族智慧。

3. 框架建设渐次化

影像资源库建设是个系统工程，也是个资源建设积累与发现、采集与创造共存的过程，所以可根据资源建设的情况，采用框架奠基、滚动推进的方法，实现梯度建设。长宁馆的方法是先基本确定结构框架，即从历史积淀、民俗非遗、建筑风情、名人大师等方面搭建好基本框架，以非遗篇、建筑篇、人物篇等子库形式容纳相关的内容资源，在较短时间内让影像资源库基本成型，然后滚动推进。

4. 开放互动多更新

影像资源库要坚持开放的结构，注重与时代的接轨，与当今现实的对接，注意重与中青年读者的互动体验，注意吸纳他们的建议与想法。同时，始终关注影像类资源的情况，注意各类资源的补充、更新与创造，让读者有持续的兴趣。既要有杰出人物的独特风貌，百年优秀建筑的传奇故事，传统民俗的源远流长，还要有今天的人们在新时期对传统民俗与百年传奇的创造性传承与演绎。

5. 内涵呈现多元化

影像资源库根据读者类型与阅读的场合，应多元呈现，让更多人了解。可以并发点数的形式让多人在固定场合共享，也可推出精要版，通过微信形式,不时主导推送,让新新人类在碎片化的时间内不时阅读,让阅读超越时空的限制,时刻满足他们的需求。还可设立互动环节,采用微提问、微游戏等方式来吸引关注。也可推出公众场合版,定时更新,让人在车站、商场等各处观看,最大限度地呈现地方历史文化风貌。

三、结　语

地方文献资源建设是地方文献工作的基础,互联网时代只有思维创新,强化表达与叙事功能,力求目标与内容的充实与细化,优化内涵与结构,实现方法与形式的创新与多元化,才能创新地方文献资源建设新路径,才能持续推进地方文献工作。

编后记

经过六年多的筹划和准备,首辑《历史文献论坛》终于付梓。首先要感谢白化文先生赐题刊名,感谢吴格先生赐教卷首之语。感谢杜泽逊先生、李国庆先生等专家学者对本书的不弃和宽容,他们的大作经受了数年的耐心与等待,如此关照,我们只能再次向他们表达深深的歉意和崇高的敬意。同时,感谢来自古文献学、历史文献学、历史学、文学史界的学者及图书馆界、藏书界的专家,慨允担任本书顾问。相信《历史文献论坛》这棵幼苗,根深叶茂,定会茁壮成长。

2008 年初夏,《古籍研究与出版》始向业界征稿。在此,我们向《古籍研究与出版》的初期投稿者表示诚恳的歉意。由于出版的一再延期,最初的十数篇大作无法及时面世,他们不得不另投别刊。同时,我们见证了全国图书馆的古籍部陆续更名为历史文献部;见证了继全国古籍保护计划之后,民国文献保护整理与出版的方兴未艾;也见证了国家图书馆出版社的古籍影印业务扩展到了民国文献的影印。但我们编辑出版的初衷始终未变,目的是以文会友,架起编辑与读者、出版社与图书馆之间的沟通桥梁;建立大家与新人、文献学家与史学家交流商榷的平台。

首辑《历史文献论坛》的问世,取得了良好的反响。随后,《历史文献论坛》第二辑的结集也提上日程。在业界的支持下,我们征得诸多高质量的稿件,使得第二辑能够顺利出版。在此,对给予我们支持的业界同仁表示感谢!

我们祈望得到更多的专家学者的鼓励与支持、批评与建议,以使下一辑《历史文献论坛》的编辑与出版,不负重望,更好地服务业界。

国家图书馆出版社

2016 年 8 月

国家图书馆出版社简介

国家图书馆出版社1979年成立，原名书目文献出版社，1996年更名为北京图书馆出版社，2008年改为现名。

本社是文化部主管、国家图书馆主办的中央级出版社。2009年8月新闻出版总署首次经营性图书出版单位等级评估定为一级出版社，并授予“全国百佳图书出版单位”称号。2014年入选全国哲学社会科学规划办公室“国家社科基金后期资助项目推荐申报出版机构”。

建社三十余年来，形成了两大专业出版特色：一是整理影印各种稀见历史文献；二是编辑出版图书馆学和信息管理科学著译作，出版各种书目索引等中文工具书。此外还编辑出版各种文史著作和传统文化普及读物。